虚拟现实技术与职业教育应用研究

赵章红　张丹　杨阳　著

延边大学出版社

图书在版编目（CIP）数据

虚拟现实技术与职业教育应用研究 / 赵章红，张丹，杨阳著. -- 延吉：延边大学出版社，2022.10
　　ISBN 978-7-230-04100-3

Ⅰ. ①虚… Ⅱ. ①赵… ②张… ③杨… Ⅲ. ①数字技术－应用－职业教育－研究 Ⅳ. ①G71

中国版本图书馆 CIP 数据核字(2022)第 200373 号

虚拟现实技术与职业教育应用研究

著　　者：赵章红　张　丹　杨　阳
责任编辑：延光海
封面设计：金世达
出版发行：延边大学出版社
社　　址：吉林省延吉市公园路 977 号　　邮　　编：133002
网　　址：http://www.ydcbs.com　　E-mail：ydcbs@ydcbs.com
电　　话：0433-2732435　　传　　真：0433-2732434
印　　刷：天津市天玺印务有限公司
开　　本：787×1092　1/16
印　　张：9.75
字　　数：200 千字
版　　次：2022 年 10 月第 1 版
印　　次：2024 年 3 月第 2 次印刷
书　　号：ISBN 978-7-230-04100-3

定价：58.00 元

前　言

　　教育信息化是目前国家教育发展的重要指导方向。为了推进信息化教育的进程，促进信息技术与教育深度融合，确保信息素养的提升从理念变为现实行动，国家各级部门先后出台了一系列政策文件。2017年9月，教育部发布《关于进一步推进职业教育信息化发展的指导意见》，提出要进一步加强职业教育的信息化建设，提高职业教育的信息化基础能力，实现教育教学模式的深化改革。2018年4月，教育部又发布了《教育信息化2.0行动计划》，提出要将互联网和职业教育紧密结合在一起，以此来促进职业教育的现代化发展，还要进一步完善并创新相关的职业教育机制，不断推动职业教育信息化的持续发展。2019年1月，国务院印发《国家职业教育改革实施方案》，提出当前的职业教育要以教师为根本，以教材为载体，并以教法为核心，而且要充分运用现代化的信息技术，不断完善当前的教育教学方式，加强虚拟工厂等网络空间的建设和普及。2020年9月，教育部等九部门印发《职业教育提质培优行动计划（2020—2023年）》，表示要进一步加强职业教育的信息化建设，并且要将信息技术与职业教育相结合，以此来实现职业教育的改革，让教师的素质得到进一步提升，进而实现职业教育专业和课程质量的整体提高。

　　信息产业的发展改变了人类知识分享与创新的方式。生长在信息化时代的学习者，更习惯非线性思维、超文本阅读、图形化思考、信息并行处理，这种学习行为的改变，客观上要求教育工作者不断调整教学行为、改变管理方式来加以适应。从这一点来看，基于信息技术的网络化新思维、新技术势必全面渗透整个教育生态，进而引起教育理念、教学内容、教学方法、学习方式和管理模式等的深刻变革。

　　起源于20世纪60年代的虚拟现实技术是信息技术的杰出代表。然而，由于一些客观原因，我国虚拟现实技术的研究起步较晚，发展相对滞后。对此，国务院、工业和信息化部、发展和改革委员会、科学技术部、文化和旅游部、商务部等多个部委出台政策文件对虚拟现实技术的发展加以支持和鼓励，各地也纷纷采取有效措施加速推进，以占领虚拟现实产业发展的制高点，机遇、挑战、问题、举措等迎面扑来。在推进过程中，内容丰富多彩，取得的成果可圈可点，尤其是近年随着硬件性能的提升和成本的大幅降低，虚拟现实技术获得长足进步，得到各界充分肯定。但是，面对"职业教育＋虚拟现实"这一促进职业教育变革的庞大体系，其系统之复杂、误区之多、融合创新应用之难，都迫切需要对虚拟现实技术及其在职业教育中的应用进行科学、系统和全面的梳理。

本书以虚拟现实技术展开，首先对虚拟现实技术进行了梳理，主要内容包括虚拟现实技术的组成与类型、发展与趋势，人机交互设备，关键技术，然后在此基础上介绍了虚拟现实技术在职业教育中的应用。本书内容体系完整，结构清晰，既有关键技术梳理，又有虚拟现实在职业教育实践中的应用。

由于作者水平有限，加之时间仓促，书中如有疏漏在所难免，恳请同行专家、学者和读者不吝指正。

笔者

2022 年 9 月

目　录

第1章 虚拟现实概述 1

1.1 虚拟现实的概念及基本特征 1
1.2 虚拟现实系统的组成与类型 5
1.3 虚拟现实技术的发展及趋势 11

第2章 虚拟现实系统的人机交互设备 16

2.1 立体显示设备 17
2.2 跟踪定位传感器 26
2.3 VR声音系统与设备 34
2.4 人机交互设备 36

第3章 虚拟现实的关键技术 52

3.1 三维环境建模技术 52
3.2 立体显示技术 57
3.3 三维虚拟声音技术 62
3.4 人机自然交互技术 70
3.5 虚实场景融合 79

第4章 职业教育发展概述 81

4.1 职业教育的发展历程 81
4.2 中国职业教育的特点、影响与问题分析 84

4.3 职业教育的教学方法 97

4.4 高等职业教育发展展望 100

第 5 章 虚拟现实技术在职业教育中的应用 104

5.1 虚拟现实技术与职业教育 104

5.2 虚拟现实技术在测绘地理信息专业中的应用 123

5.3 虚拟现实技术在英语专业中的应用 124

5.4 虚拟现实技术在轨道交通专业中的应用 125

5.5 虚拟现实技术在其他专业中的应用 128

5.6 虚拟现实技术在职业教育中未来发展趋势 142

参考文献 148

第 1 章 虚拟现实概述

虚拟现实（virtual reality, VR）这一名词是由美国 VPL 公司创建人杰伦·拉尼尔（Jaron Lanier）在 20 世纪 80 年代初提出的。提起虚拟现实，大多数人的直观感受是：重度玩家们有福了。像 3D 电影一样，VR 会给大娱乐应用带来更好的临场感受和交互。我们可以用 VR 技术模拟战场，玩 CS 的效果将远远超出电脑屏幕带给我们的体验；我们可以看临场感更好、更真实的风景和故事片；我们可以 360 度无死角观看 NBA 比赛，看到球员投篮的每一个细节。

除了娱乐应用之外，VR 还将带给我们更多不可思议的新应用。我们可以用 VR 来进行教育培训；我们可以把 VR 用于航空航天，模拟飞行或者登上火星；我们可以用 VR 进行房地产的样板间展示，也可以进行装修之前的原始实景展示；我们还可以将它用于医疗，模拟手术等。

1.1 虚拟现实的概念及基本特征

1.1.1 虚拟现实的概念

虚拟现实的英文名称为 Virtual Reality，Virtual 是虚假的意思，其含义是这个环境或世界是虚拟的，是存在于计算机内部的。虚拟现实是利用计算机和一系列传感设施来实现的，使人能有置身真正现实世界中的感觉，是一个看似真实的模拟环境。通过传感设备，用户根据自身的感觉，使用人的自然技能观察和操作虚拟世界中的物体，获得相应看似真实的体验。具体含义为：

（1）虚拟现实是一种基于计算机图形学的多视点、实时动态的三维环境，这个环境可以是现实世界的真实再现，也可以是超越现实的虚拟世界。

（2）操作者可以通过人的视觉、听觉、触觉、嗅觉等多种感官，直接以人的自然技能和思维方式与所处的虚拟环境交互。

（3）在操作过程中，人是以一种实时数据源的形式沉浸在虚拟环境中的行为主体，而不仅仅是窗口外部的观察者。由此可见，虚拟现实的出现为人们提供了一种全新的人机交互方式。

虚拟现实也可以理解为一种创造和体验虚拟世界的计算机系统，是一种逼真地模拟人在自然环境中视觉、听觉、运动等感知行为，并可以和这种虚拟环境之间自然交互的高级人机界面技术，是允许用户通过自己的手和头部的运动与环境中的物体进行交互作用的一种独特的人机界面。这种人机界面具有以下特点：①逼真的感觉，包括视觉、听觉、触觉、嗅觉等；②自然的交互，包括运动、姿势、语言、身体跟踪等；③个人的视点，用户用自己的眼、耳、身体等感知信息；④迅速响应，感知的信息根据用户视点变化和用户输入及时更新。

虚拟现实的作用对象是"人"而非"物"。虚拟现实以人的直观感受体验为基本评判依据，是人类认识世界、改造世界的一种新的方式和手段。与其他直接作用于"物"的技术不同，虚拟现实本身并不是生产工具，它通过影响人的认知体验，间接作用于"物"，进而提升效率。

虚拟现实是对客观世界的易用、易知化改造，是互联网未来的入口与交互环境。一是抽象事物的具象化，包括一维、二维、多维向三维的转化，信息数据的可视化建模；二是观察视角的自主化，能够突破空间物理尺寸局限，开展增强式观察、全景式观察、自然运动观察，且观察视野不受屏幕物理尺寸局限；三是交互方式的自然化，由传统键盘、鼠标的输入输出方式向手眼协调的自然人机交互方式转变。

1.1.2 虚拟现实的基本特征

1994年，美国科学家G. 伯迪（G. Burdea）和P. 考菲特（P. Coiffet）提出了虚拟现实的三个基本特征，即交互性、沉浸性和构想性。由于虚拟现实技术的硬件、软件和应用领域不同，这三个基本特征的侧重点也各有不同。

1.1.2.1 交互性

交互性被运用于计算机及多媒体领域，并且多为 2D 交互。例如，人们使用键盘进行文字输入，所打出来的字就会输出在计算机屏幕上，通过人们的眼睛进入大脑，这便形成了一个简单的交互行为。而虚拟现实的交互性，事实上与计算机的交互性大同小异，都是人与物之间的互动关系，只是交互模式从 2D 跨越到了 3D。

在虚拟现实的世界里，你可以直接用手去触摸你所感兴趣的物体，而不是被动地去感受模拟场景中的一切，包括场景中物体的触感、重量等，你甚至可以让它随着你的手移动、摆放它的位置。这种可以置身场景中，与场景内的物体进行交互和操作，并得到及时反馈的性质就是虚拟现实的交互性。

1.1.2.2 沉浸性

沉浸性是出现在虚拟现实介绍中最多的一个词，的确，不论是电视还是电影，我们都是一个旁观者，即便剧情再精彩，氛围再棒，从某种程度上来说我们都无法真正沉浸其中。虚拟现实技术则解决了这个问题，通过接近人类视角的头戴屏幕设备、头部及动作追踪技术，人们可以真正感受到虚拟环境的氛围。这种体验不仅仅可以用于游戏，还包括互动电影、商业活动，或是一些平常无法实现的事情。

"沉浸感"的原理来自用户的高度注意力，因此其他的一些需要高度专注的行为，如看书、玩游戏等也会产生沉浸效果。当人们将注意力集中于书籍、电影或游戏当中时，过于集中的注意力会过滤掉所有不相关的知觉，从而使人们进入一种旁若无人的状态。

美国伊利诺伊大学的感知学学者丹·西蒙斯（Dan Simmons）曾经做过一个名为"看不见的大猩猩"的实验，该实验可以很好地用来说明沉浸效果。实验中，受试者被要求观看一段两组篮球队员在组内彼此之间相互传球的视频，并且要数出每组球员传球的次数，那么如果有一只大猩猩从球员之间走过，受试者是否会注意到呢？也许读者会想当然地认为肯定会，因为黑猩猩毕竟是一个很大的目标，出现在狭小的球场上肯定会引起注意。但是，实验的结果却让人吃惊，几乎有超过一半的受试者没有注意到他们的眼皮底下曾大摇大摆地走过一只大猩猩。

在一个虚拟现实环境中，用户体验到沉浸感，感觉自己成为虚拟现实环境的一部分，同时用户也可以和他所处的虚拟环境进行有意义的交互，沉浸感和交互感的结合统称为临场感。计算机科学家乔纳森·斯特尔（Jonathan Steuer）将之定义为"与直接的物理环境相比，个体处在这种间接的虚拟环境中，感觉到真实的程度"。

换言之，理想的模拟环境可以做到让用户在体验的过程中不自觉地全身心投入计算机创建的三维虚拟环境中，甚至感觉不到虚拟环境与现实世界的差距，不管是视觉、听觉，还是触觉，甚至是嗅觉、味觉等一系列的感官都能让用户觉得周围的一切都是真的，于是沉迷在虚拟的环境中。

1.1.2.3 构想性

构想性也称想象性，是指用户在虚拟空间中，可以与周围物体进行互动，从而拓宽认知范围，创造客观世界不存在的场景或不可能出现的环境的能力程度。

虚拟现实技术不仅能够创造出人类已知的模拟场景，还能够创造出人类从未见过的、客观上根本不存在的甚至不可能发生的场景，从而拓宽人类的认知范围。

借助虚拟现实技术，可以让每一位参与者处于一个具有完善交互作用能力的、能帮助和启发构思的信息环境，使他们不仅靠听读文字或数字材料获取信息，还能通过与所处环境的交互作用，利用自己对接触事物的感知和认知能力，以全方位的方式获取各种表现形式的信息。因此，虚拟现实技术为众多应用问题提供了新的解决方案，有效地突破了时间、空间、成本、安全性等诸多条件的限制，人们可以去体验已经发生过或尚未发生的事件，可以进入实际不可达或不存在的空间。

虚拟现实的构想性可以充分体现在医疗、军事、工程等方面。例如，在医疗行业，医学家经常先使用小白鼠做实验，再一步一步推导出该操作对人体有什么影响；而在手术方面，要么用小动物给初学者练手，要么在征得病人家属的同意下让新手进入手术室帮忙。条件的限制导致医学的学习和研究进步缓慢。如果有了虚拟现实技术，就大不相同了。与传统开放式手术不同，现在医生不是看着人体器官做手术，而是通过内窥镜看着屏幕来做手术。

过去，人们只能靠一次次的实务来得出问题的结果，被动地进行探索。现在，人们可以在虚拟现实的世界里尽情研究，结合想象主动地去探索和接收信息，不必担心可能出现的试验资源匮乏和经费不足等问题。

1.2 虚拟现实系统的组成与类型

1.2.1 虚拟现实系统的组成

1.2.1.1 虚拟现实系统的功能模块

虚拟现实的构建目标就是利用高性能、高度集成的计算机软、硬件及各类先进的传感器，去创造一个使参与者有高度沉浸感、具有完善的交互能力的虚拟环境。一般来说，一个完整的虚拟现实系统包括虚拟世界数据库及其相应工具与管理软件，以高性能计算机为核心的虚拟环境生成器，以头盔显示器为核心的视觉系统，以语音识别、声音合成与声音定位为核心的听觉系统，以方位跟踪器、数据手套和数据衣为主体的身体方位姿态跟踪设备，以及味觉、嗅觉、触觉与力反馈等功能子系统。虚拟现实系统的构成如图1-1 所示。

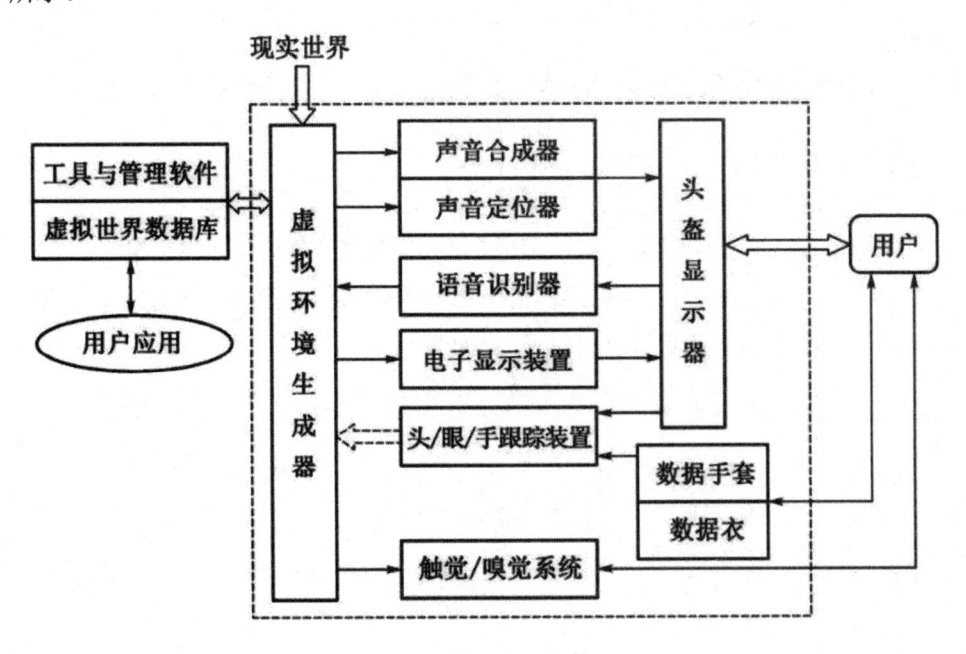

图 1-1 虚拟现实系统的构成

虚拟现实系统包括检测、反馈、传感器、控制与建模等功能模块，如图 1-2 所示。

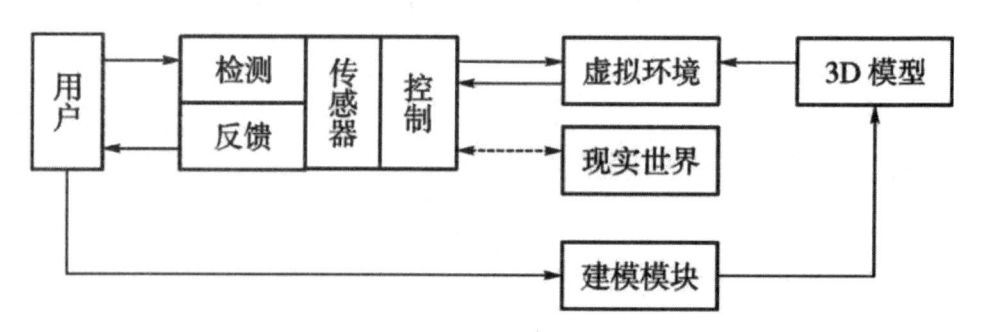

图 1-2 虚拟现实系统的功能模块

（1）检测模块检测用户的操作命令，并通过传感器模块作用于虚拟环境。

（2）反馈模块接受来自传感器模块的信息，为用户提供实时反馈。

（3）传感器模块一方面接受来自用户的操作命令，并将其作用于虚拟环境；另一方面将操作后产生的结果以各种反馈的形式提供给用户。

（4）控制模块对各种传感器进行控制，使传感器对用户、虚拟环境和现实世界产生作用。

（5）建模模块获取现实世界组成要素的三维表示，并构建对应的虚拟环境。

1.2.1.2 虚拟现实系统的软硬件设备

典型的虚拟现实系统主要由软件系统（包括虚拟环境数据库、虚拟现实软件和实时操作系统、语音识别与三维声音处理系统）及虚拟现实输入设备、输出设备、图形处理器和跟踪定位器等硬件系统组成，如图 1-3 所示。

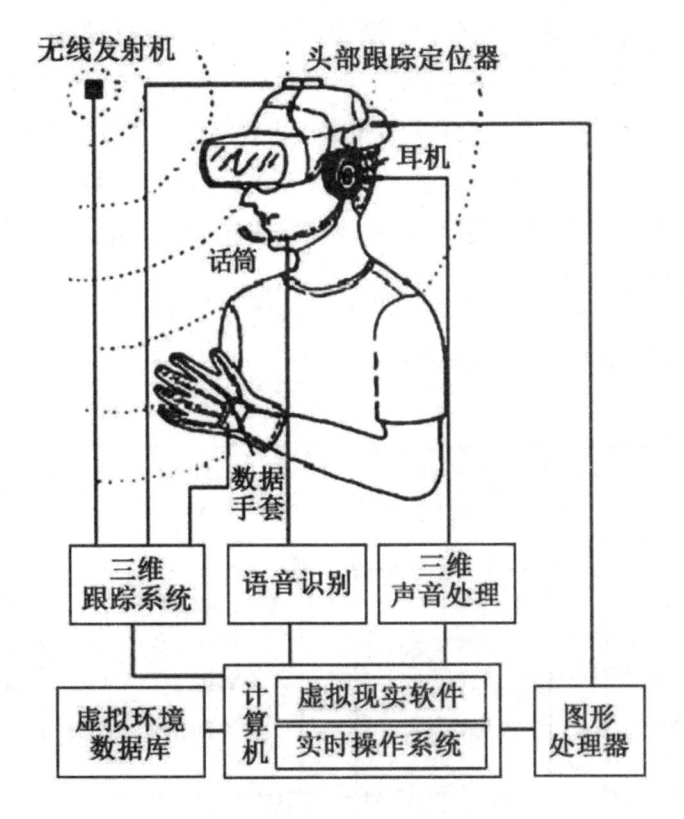

图 1-3 虚拟现实系统的软硬件设备

（1）虚拟现实硬件系统。虚拟现实输入设备包括三维位置跟踪器、数据手套、数据衣、三维鼠标、跟踪定位器、三维探针及三维操作杆等，虚拟现实输出设备包括立体显示设备、三维声音生成器、触觉和力反馈的装置等。构造一个虚拟环境，在硬件方面需要有高性能计算机处理系统、跟踪系统、交互系统、音频系统、图像生成和显示系统等系统设备的支持。

（2）虚拟现实软件系统。虚拟现实软件系统的功能主要有：构建虚拟环境数据库、生成并管理虚拟环境；进行复杂的逻辑控制；模拟实时的相互作用；模拟用户所有的智能行为；模拟复杂的时空关系，主要涉及时间与空间的同步等问题；计算模拟感觉的表达，包括用户的听觉、视觉、触觉、味觉和嗅觉的计算机表达；实时数据采集、压缩、分析、解压缩；支持与虚拟环境交互的定位、操纵、导航与控制等。

在虚拟现实场景开发中，首要任务就是三维模型的构建，包括地形、建筑物、街道、树木等静态模型，以及运动的汽车、飞鸟、行人等三维模型。虚拟现实要求三维建模软件系统具备实时应用特性，并支持大多数的硬件平台。三维模型建立后，要应用 Vega Prime 视景仿真引擎进行特殊效果处理，以增强沉浸感。系统采用专用的传感器控制软件或自行开发的虚拟环境交互控制软件来接受各种高性能传感器的信息（如头盔、数据手套及数据衣等的信息），并生成立体显示图形。除了以上软件，系统还需要动画软件、地理信息系统软件、图形图像处理软件、文本编辑软件以及数据库等软件的支持。虚拟现实软件功能如图 1-4 所示。

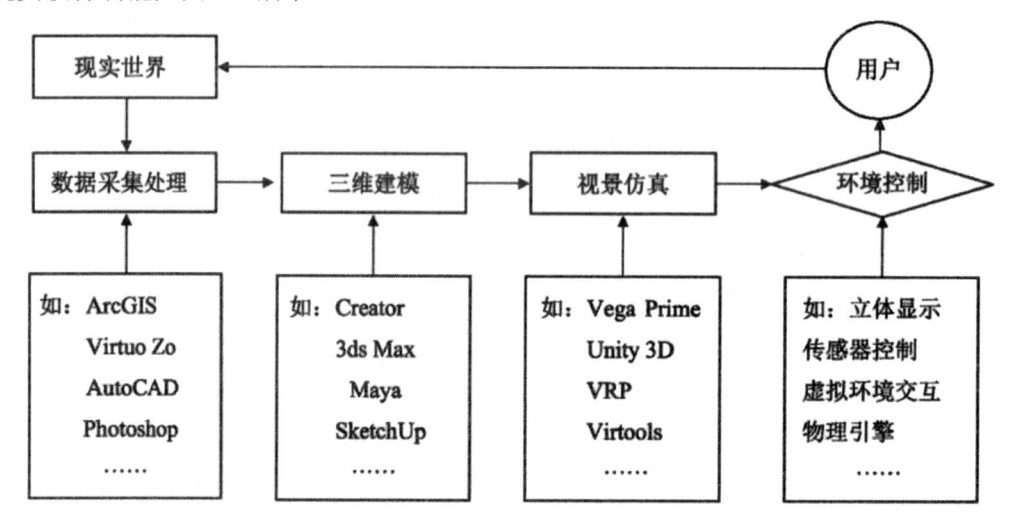

图 1-4 虚拟现实软件功能

1.2.2 虚拟现实系统的分类

虚拟现实系统根据交互性和沉浸感以及用户参与形式的不同一般分为桌面式、沉浸式、增强式和分布式四种类型。

1.2.2.1 桌面式虚拟现实系统

桌面式虚拟现实系统利用个人计算机或初级图形工作站，以计算机屏幕作为用户观察虚拟世界的一个窗口，采用立体图形、自然交互技术产生三维立体空间的交互场景，用户通过包括键盘、鼠标和三维空间交互球等在内的各种输入设备操纵虚拟世界，实现与虚拟世界的交互。

桌面式虚拟现实系统也称窗口 VR，是非完全投入式虚拟现实系统，是一套基于普通 PC 平台的小型桌面虚拟现实系统。在非完全投入式系统中，利用中低端图形工作站及立体显示器，产生虚拟场景。参与者使用位置跟踪器、数据手套、力反馈器、三维鼠标或其他手控输入设备，可从视觉上感觉到虚拟世界，并通过某种显示装置，如图形工作站，对虚拟世界进行观察。用户可对视点做六自由度平移及旋转，可在虚拟环境中漫游。桌面式虚拟现实系统主要用于 CAD/CAM（计算机辅助设计/计算机辅助制造）、民用设计等领域。

桌面式虚拟现实系统的特点是结构简单、价格低廉、经济实用，易于普及推广，但沉浸感不强。

1.2.2.2 沉浸式虚拟现实系统

沉浸式虚拟现实系统是一种高级的、较理想的虚拟现实系统，它能提供完全沉浸的体验，使用户有一种仿佛置身真实世界之中的感觉。它通常采用洞穴式立体显示装置或头盔式显示器等设备，首先把用户的视觉、听觉和其他感觉"封闭"起来，并提供一个新的、虚拟的感觉空间，利用三维鼠标、数据手套、空间位置跟踪器等输入设备和视觉、听觉等输出设备，采用语音识别器让用户对系统主机下达操作命令。与此同时，头、手、眼均有相应的头部跟踪器、手部跟踪器、眼睛视向跟踪器的追踪，使系统尽可能地达到实时性，从而使用户产生一种身临其境、完全投入和沉浸于其中的感觉。常见的沉浸式系统有基于头盔式显示器的系统和立体投影式虚拟现实系统两种类型。

沉浸式系统把用户的个人视点完全沉浸到虚拟世界中，又称投入式虚拟现实系统。在投入式虚拟现实系统中，以对使用者头部位置、方向作出反应的计算机生成的图像代替真实世界的景观。用户可做能在工作站上完成的任何事，其明显长处是完成投入。当具备结合模拟软件的额外处理能力后，使用者就可交互地探索新景观，体验到实时的视觉回应。和桌面式虚拟现实系统相比，沉浸式虚拟现实系统硬件成本相对较高，封闭的虚拟空间能提供高沉浸感的用户体验，适用于模拟训练、教育培训与游戏娱乐等领域。

1.2.2.3 增强式虚拟现实系统

增强式虚拟现实系统即增强现实（augment reality, AR），增强式虚拟现实系统又称叠加式虚拟现实系统或补充现实系统，是一个较新的研究领域，是一种利用计算机对用户所看到的真实世界产生的附加信息进行景象增强或扩张的技术。增强现实系统利用附加的图形或文字信息，对周围真实世界的场景动态地进行增强，把真实环境和虚拟环境组合在一起，使用户既可以看到真实世界，又可以看到叠加在真实世界的虚拟对象。

例如，战斗机驾驶员使用的头盔显示器可让驾驶员同时看到外面世界及叠置的合成图形。额外的图形可在驾驶员对机外地形视图上叠加地形数据，或许是高亮度的目标、边界或战略陆标。增强现实系统的效果显然在很大程度上依赖于对使用者及其视线方向的精确的三维跟踪。

1.2.2.4 分布式虚拟现实系统

分布式虚拟现实系统，又称网络虚拟现实系统，是虚拟现实技术和网络技术结合的产物，其目标是建立一个可供异地多用户同时参与的分布式虚拟环境。在这个环境中，位于不同物理环境位置的多个用户或多个虚拟环境通过网络相连接，或者多个用户同时进入一个虚拟现实环境，通过计算机与其他用户进行交互，进行观察和操作，并共享信息，以达到协同工作的目的。

分布式虚拟现实系统建立在沉浸式虚拟现实系统的基础上。在系统中，位于不同物理位置的多台计算机及其用户，可以不受其各自的时空限制，在一个共享虚拟环境中实时交互、协同工作，共同完成复杂产品的设计、制造、销售全过程的模拟或某一艰难任务的演练。它特别适用于实现对造价高、危险、不可重复、宏观或微观事件的仿真。

分布式虚拟现实系统有四个基本组成部件：图形显示器、通信和控制设备、处理系统和数据网络。分布式虚拟现实系统的主要特征有：共享的虚拟工作空间；伪实体的行为真实感；支持实时交互，共享时钟；多个用户以多种方式相互通信；资源信息共享以及允许用户自然操作环境中的对象。分布式虚拟现实系统在远程教育、科学计算可视化、工程技术、建筑、电子商务、交互式娱乐、艺术等领域都有着极其广泛的应用前景。

1.3 虚拟现实技术的发展及趋势

1.3.1 虚拟现实技术的发展历程

2016 年被产业界称为"虚拟现实元年",可能有人会误认为虚拟现实技术是近年来才发展起来的新技术,其实不然,虚拟现实技术最早起源于美国。虚拟现实技术的演变发展史大体上可以分为四个阶段:

(1)萌芽与诞生阶段(20 世纪 30 年代至 70 年代末)。在这一阶段,有声形动态的模拟是蕴含虚拟现实思想的第一阶段,为 VR 技术的探索时期。

(2)初步发展阶段(20 世纪 80 年代)。在这一阶段,军事与航天领域的应用推动,虚拟现实概念产生和理论初步形成,VR 技术从研发开始进入系统化应用时期。

(3)高速发展阶段(20 世纪 90 年代至 21 世纪初)。在这一阶段,虚拟现实理论进一步完善,以游戏、娱乐、模拟应用为代表的民用应用高速发展,VR 技术在 Internet 上的应用兴起。

(4)大众化与多元化应用阶段(21 世纪以来)。在这一阶段,VR 技术与文化创意产业、3D 电影、人机交互、增强现实等集成应用,虚拟现实实现产业化发展。

虚拟现实发展前景十分诱人,而与 5G 网络通信的结合,更是人们所梦寐以求的。在某种意义上说,它将改变人们的思维方式,甚至会改变人们对世界、自己、空间和时间的看法。

1.3.2 虚拟现实技术的发展趋势

1.3.2.1 增强现实的应用增加

由于跟踪和其他输入技术的改进,增强现实应用的可行性增加了。但事实证明,移动设备的性能将会提高几个数量级,其中包括支持由内而外(视频)跟踪的独立摄像头。基于手机的虚拟现实只是增强现实的一个范例,但这已经足够将其推向主流。

在实现许多期望的应用程序的潜在效用方面，仍需取得进展。但在识别和克服许多技术障碍方面已经取得了许多成果。这些类型的设备中出现了许多技术创新，如由内而外的跟踪、小型计算机以及用于提供明亮的虚拟物体以抵抗现实照明的光学器件。

增强现实作为虚拟"X 射线视觉"的预期用途的另一个要求是关于墙/皮肤/外壳内部的数据。这方面的一个经典的开创性例子是，将基于头部的显示器与医用超声波结合起来以观察孕妇体内的婴儿。在建筑方面，由于现在大多数新的大型建筑都使用了 BIM（建筑信息模型）数据，因此可以知道管道和管道的位置，并提供给增强现实应用。此外，激光雷达扫描等扫描技术可以在装配的不同阶段对建筑项目进行详细扫描。所有这些收集到的关于现实世界的数据正在增加增强现实可以成功应用的领域。对于遮挡问题，特别是在现实世界中计算机图形的遮挡问题，仍有大量工作要做。

1.3.2.2 更少的累赘

一个持续的趋势是减少虚拟现实系统的障碍。重量和活动受限阻碍了穿着笨重的、被拴在一起的电子设备的用户，从而降低了参与者的体验质量。头戴式显示器的重量和体积已大大减少。今天的头戴式显示器甚至包含了一些全 6-DoF（六个自由度）位置跟踪技术。

另一个正在消失的累赘是连接设备和用户的电线。例如，任天堂 Wii 遥控器（又名 Wiimote）利用蓝牙与机顶盒进行短距离通信，揭示了这一趋势，让游戏玩家可以更自由地移动，从而更多地参与游戏。Wii 遥控器是第一个使用 IMU（惯性测量单元）跟踪来添加 3-DoF 运动（方向）作为输入的游戏控制器，并且使用了红外摄像机，另外还提供了报告其位置的机制。

实际上，大多数跟踪技术都减少了将参与者连接到虚拟现实系统的电线数量。这是使用计算机视觉和相关技术进行跟踪的主要好处之一。但是，即使声波和电磁系统也开发了射频连接，以消除用户与计算机之间的电线，尽管用户使用了有源接收器，也仍然需要在身上佩戴电池组来提供电力。HTC Vive 的 Lighthouse 系统使接收器不必直接连接到发射器，但是它们必须先经过本地处理，然后传递回计算机。

SLAM（同步定位与地图构建技术）跟踪功能已经在消费级（或接近消费级）产品中得到了证明，比如谷歌 Tango、微软 HoloLens、HTC Vive Focus 和联想 Mirage。Mirage 和 HTC Vive Focus 都使用了谷歌的 WorldSense 中的 SLAM 系统。三星、惠普和华硕的头戴式显示器使用微软的"Windows 混合现实"技术。同样，SLAM 跟踪也可以通过苹果的 ARkit SDK 和谷歌的 ARCore SDK 在智能手机上实现。SLAM 是一个由内向外的跟踪系统，所有的工作都是从用户的角度完成的，因此不需要对环境进行任何更改。但这需要大量的专门处理以及内存，以便将当前的输入与过去的位置相匹配。虽然同样的 SLAM 技术可以从用户的头部观察到用户的身体，并通过 Leap Motion 等产品确定用户的肢体位置，但这并不能解决跟踪用户身体其他部分的问题。目前 SLAM 跟踪在环境快速变化的情况下并不是一个可行的解决方案。

完全集成的系统减少了累赘，因为整个设备是独立的，不需要与其他系统连接。"显示"将包括跟踪、计算和将其连接到远程计算和数据设施的网络（很可能是通过云）。

曾经有人预测，将来希望用户能拿起一个比一副太阳眼镜还小的并且没有连接线的显示器，从而在视觉和听觉上沉浸在媒介中。现在，微软的 HoloLens 几乎做到了这一点。尽管它的视场不够理想，输入也有限，甚至它比一副眼镜大得多，重量也更重，视场也非常有限，但是头戴式显示器已经在努力改进设备的视场。

然而，并不是所有的进步都能减少累赘。随着触觉显示技术的推进，在开发的早期阶段，将涉及更多阻碍界面的小装置。因此，对于给定的体验而言，设计师必须权衡哪一端更重要。

1.3.2.3 更高的感官保真度

曾经有人预测，感官保真度的改进可能体现在头戴式显示器具有更高的视觉敏锐度上，当然这已经发生了。也有人预测，触觉呈现的技术将会有革命性的改进，尽管该领域的技术仍在继续发展，但几乎没有成为广泛部署的虚拟现实系统的标准。关于全身参与（尤其是腿部）的技术，有人预估，改进可能伴随着更多的累赘，"为参与者提供一台跑步机，让他们可以在上面行走，这会增强体验，但是如果要求将其束缚起来作为一种安全措施，也会更加碍事"。不仅仅是跑步机，像 Virtuix Omni 这样的低摩擦"原地跑"设备填补了其中的一些空白，虽然脚或腿没有累赘（除了必须穿特殊的鞋子），但是安全环仍然是一个累赘因素。

现在，超高分辨率电视已经普及且价格不高，更高分辨率的电视也即将面世。其中的一个原因是电视显示器和计算机显示器具有半共享的特性。在许多方面，超高分辨率技术已经广泛应用。现在，智能手机和平板电脑上的小屏幕同样具有超高的分辨率，因此像素密度更高。

在声音方面，研究者正在对声源进行处理，以模拟它们在环境中的传播，从而使它们"进入"虚拟世界。更好的声音渲染和传播将成为未来虚拟现实体验的一部分。

与触摸相类似，迪士尼研究中心的立体触觉研究小组在研究如何更好地控制传感器。现在，特定的感官可以被捕捉并传送到触觉显示器上，其他触觉技术也在改进中。人们预计微机电系统（micro-electro-mechanical system, MEMS）和微流控技术，以及其他技术，将大大提高触觉能力。

虚拟世界的模拟和渲染也将提供更高的保真度体验。事实上，目前人们正在生产专门的硬件芯片，用于优化虚拟现实所需的计算，并在芯片上嵌入完整的渲染管道，以实现虚拟现实系统所需的实时工作流。

1.3.2.4 软件可用性

在虚拟现实硬件"制度化"之前，许多虚拟现实设施都依赖于"本土"和社区共享软件。有一些社区通过这些社区共享软件，开源虚拟现实集成库，但也只有在每个设施的本地程序员和运营商付出大量努力的情况下才有可能实现。

缺乏广泛的软件工具是虚拟现实最终进入更广阔市场所必须克服的障碍之一。这是一个经典的先有鸡还是先有蛋的问题。似乎大多数使用虚拟现实应用程序的人同时以某种方式参与虚拟现实开发的时代已经过去了，如今大多数使用虚拟现实应用程序的人都没有参与虚拟现实应用程序的创建过程。

当第一台个人计算机问世时，所有的销售人员都在吹捧个人计算机如何能帮助平衡支票簿、组织食谱和完成其他听起来很有用的任务。但在现实中，人们使用早期的计算机主要是为了玩游戏。另一个有用的任务是文字处理，这对写论文来说是一个巨大的进步。最终，第一个电子表格 VisiCalc 发布了（典型的"杀手级应用"），家用计算机开始向更实用的方向发展，同时还能玩游戏。

目前，大多数为虚拟现实系统发布的软件都是游戏。在不久的将来，人们将把大部分时间都投入虚拟现实中。但即使是在国内市场，也已经有工具（或类似工具的应用程序）可用，比如谷歌的 Tilt Brush 和 Google Earth VR。叙事性体验（虚构的、纪实的和新闻的）目前也可用，并且有更多的版本发布，尽管它们是否能跟上游戏体验还有待观察。虚拟现实形式的教育也将开始投放市场——科学实地考察、历史实地考察、物理学解释等将在现有的基础上继续改进。好消息是，现在有了可以发布新软件工具的市场，这将促进新的应用程序的开发。

1.3.2.5 新驱动/颠覆性技术

虚拟现实技术的进步在很大程度上得益于被认为是其前身的飞行模拟技术。实际上，飞行模拟确实是一种虚拟现实体验，是一种早期有明显好处的体验，因此更多的资源被用于其开发。飞行模拟本身早于数字计算机，但是基于计算机的图像生成器的可视飞行模拟与虚拟现实是在同一时代出现的。事实上，第一个由计算机驱动的虚拟现实应用的创作者伊凡·苏泽兰特（Ivan Sutherland），是 Evans&Sutherland（E&S）公司的共同创始人，该公司几十年来一直是视觉飞行模拟的主要开发商。

然而，直到苏泽兰特的学生吉姆·克拉克（Jim Clark）生产了图形渲染硬件芯片并成立了硅谷图形公司（Silicon Graphics, SGI），大学研究人员才买得起实时计算机图形。SGI 系统的价格甚至比低端的 E&S 图像生成器便宜几个数量级，这无疑是对当时市场的"扰乱"。这些"便宜"的系统，加上开发小型液晶显示器或中等价位的投影系统，使虚拟现实研究得以开展。

后来，硬件计算机渲染市场再次被打乱，随着 3D 计算机游戏的爆炸式发展，芯片制造商进入大众市场，推动性能上升，价格下跌了更多的数量级。

虽然速度没有那么快，但与此同时，输入技术也在进步。游戏社区在这方面做了不少贡献，尤其是在 Wii 遥控器等游戏控制器的升级方面。此外，基于摄像机的跟踪技术也在不断进步，手机（两侧）、计算机显示器甚至 Wiimote 都安装了质量合理的摄像头传感器。

结合改进的计算机视觉和跟踪算法，基于摄像机的跟踪变得非常简单。虚拟现实专用的进步出现在 HTC Vive 的 Lighthouse 等系统中，这些系统利用低成本的传感器在光线照射的空间中进行快速无线跟踪。

最后的硬件部分是显示屏。便携游戏和智能手机再次为一种颠覆性的产品创造了市场，这种产品的屏幕分辨率高、重量轻、体积小，便于手持或佩戴，此外能够低成本立体呈现的投影技术也变得更容易获得。

这种颠覆性的技术让一群充满激情的爱好者聚集在一起，为市场不太明朗的有趣项目筹集资金，从而发现这样的市场是否存在，众筹应运而生。虽然 Facebook 收购 Oculus 虚拟现实可能是最公开的大规模投资，但其他科技巨头（如谷歌、微软、苹果）也在虚拟现实技术和与虚拟现实相关的知识产权方面大举投资。

第 2 章 虚拟现实系统的人机交互设备

虚拟现实系统的硬件设备是沉浸于虚拟环境中的必备条件,如图 2-1 所示为典型的基于头盔显示器的虚拟现实系统的硬件配置示意图,包括立体显示设备——头盔式显示器、空间立体声音播放设备——耳机、位置跟踪器、数据手套,以及力反馈装置等。这些设备创设的虚拟环境看起来像真的、听起来像真的、摸起来像真的,并提供各种感官刺激信号,刺激人类作出各种反应。

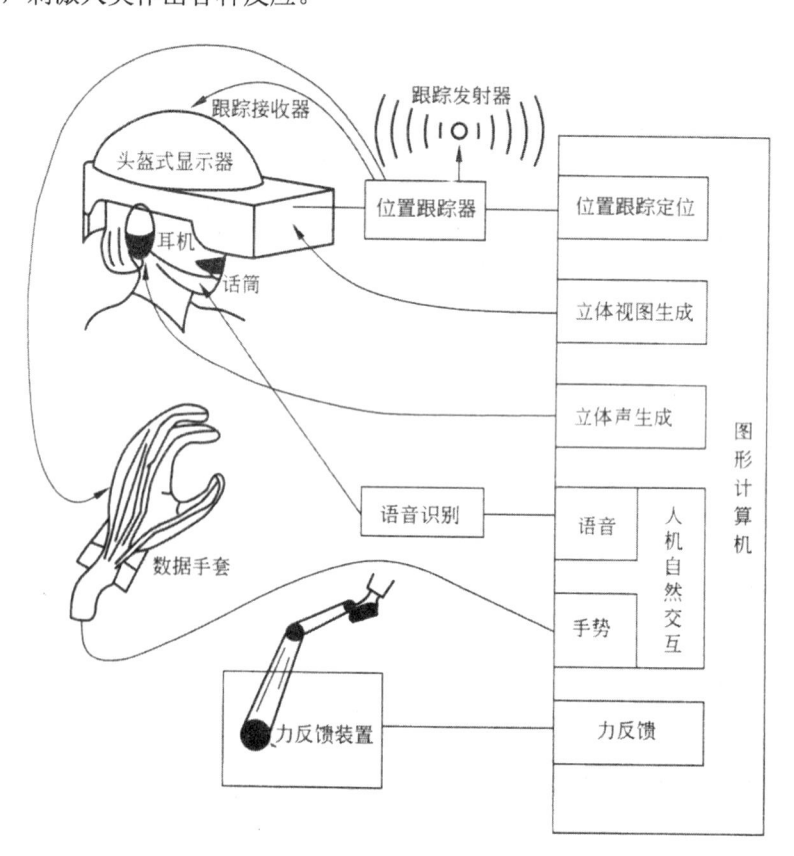

图 2-1 基于头盔显示器的虚拟现实系统硬件配置示意图

那么，这些设备产生怎样的信号才能够让人完全沉浸于环境中呢？采用什么样的技术才能"欺骗"人的眼睛、鼻子、耳朵等器官呢？这就需要对人的感官因素进行详细的研究，并在此基础上采用相应的技术设计硬件设备。例如，视觉显示设备为了实现人眼观察物体实体的三维立体效果，必须对人眼的结构进行详细研究。如何评价一个虚拟现实系统的性能，其主要体现在系统提供的接口与人配合的效果如何，这也要考虑人的感官因素。表 2-1 列出了人的感觉器官所对应的各种接口设备。由此可见，在虚拟现实系统的设计与实现过程中，人起着决定作用。

表 2-1 人的感觉器官对应的各种接口设备

人的感官	说明	接口设备
视觉	感觉各种可见光	显示器或投影仪等
听觉	感觉声波	耳机、喇叭等
嗅觉	感知空气中的化学成分	气味放大传感装置
味觉	感知液体中的化学成分	
触觉	皮肤感知温度、压力、纹理等	触觉传感器
力觉	肌肉等感知的力度	力觉传感器

图形计算机是虚拟现实系统的硬件设备之一，通常称为虚拟现实的计算设备，主要功能是采集数据，实时计算并输出场景。为满足视觉、听觉、触觉等的低延迟和快速刷新率的要求，图形计算机具有强健的体系结构，不仅能满足单个用户设计的仿真系统的使用，而且能满足多个用户在单个 VR 仿真中以自然的交互方式使用。

2.1 立体显示设备

2.1.1 固定式显示器

固定式显示器是指那些参与者没有佩戴或携带硬件的显示器，该类显示器是在参与者周围的空间里，而且它们不会被参与者移动，因此是静止的，或者固定在一个地方。

这并不是说固定式显示器不能重新配置，实际上，许多 CAVE（洞穴式自动虚拟环境）风格的虚拟现实系统可以对不同的停靠点打开和关闭侧壁，以适应不同的目的和不同规模的观众。

2.1.1.1 鱼缸式（水族馆）VR 显示器

最简单的 VR 视觉显示器采用标准计算机显示器（可能是单个 3D 电视面板，甚至可能是 4K 分辨率的），称为基于监视器的虚拟现实，或者更常见的称为鱼缸式虚拟现实。对于较大的平面 VR 显示器，它更像是一个大型水族箱（海洋水族馆），而不是一个容量约 50 加仑（1 加仑=3.79 升）的鱼缸，它更接近于大型监视器的范围。因此，人们将较大的平面屏幕称为鱼缸式显示器。

"鱼缸"这个名字来自通过小型水族馆玻璃观察内部 3D 世界的相似性。观众可以将他们的头部从一侧移动到另一侧，或上下移动以查看周围、上方和下方的物体，但实际上并不能进入空间里面。将屏幕视为屏障是鱼缸式虚拟现实系统的常态，但是，由于这是虚拟现实，体验创建者不需要遵守这种约束对象也可以显示在屏幕的近（外）侧。但当显示在外侧时，必须注意避免屏幕边缘阻挡这些对象和打破框架。

鱼缸式虚拟现实与显示器上显示的一般交互式 3D 图形不同，因为虚拟现实系统跟踪用户的头部，并且渲染的场景会随着跟踪的头部运动而变化。鱼缸模式也可被归类为固定式显示器虚拟现实，因为即使计算机显示器可能具有便携性，但显示器本身也不太可能在使用过程中移动。

由于只需要一台基本的能够显示三维交互计算机图形的计算机，因此鱼缸式 VR 是视觉 VR 显示范式中最便宜的一种。它的大部分技术都是批量生产的，因此它既便宜又容易获得。然而，不幸的是，必要的立体显示硬件（如 3D 电视）正变得稀缺。

这种视觉显示方法的缺点有两个：一是用户必须面向特定的方向才能看到虚拟世界，二是系统通常比其他大多数虚拟现实系统更缺乏沉浸感。特别的，对于只有一个或两个屏幕的系统，由于现实世界占据了观看者的大部分区域，而虚拟世界只占据了一小部分区域，所以沉浸感较低。当然，它可以准确地描绘出一个像真正的鱼缸一样的世界，然后同样，人们会专注于观看一个真正的"鱼缸"，但他们很少会感到沉浸其中。

当屏幕非垂直排列（即倾斜远离观察者）时，会产生一种有趣的效果，如 ImmersaDesk 和 Responsive Workbench 系统。这些屏幕的倾斜使焦点从眼睛移向屏幕上方。因此，一个同样向屏幕上方的距离延伸的场景产生了焦距变化与物体距离变化之间的自然对应。

2.1.1.2 环绕式 VR 显示器

环绕视觉显示器是另一类固定式装备。环绕式 VR 显示器的屏幕可能比典型的鱼缸式虚拟现实显示器要大得多，因此可以填满更多的参与者的视场和能视域，让他们可以更加自由地漫游。显示器的大小当然会影响到虚拟世界的界面。环绕式 VR 显示器与鱼缸式 VR 显示器的主要区别在于，参与者的多个侧面都有显示屏，通常包括地板和三面墙，有时是后墙，有时也包括天花板。

在平板显示器出现之前，环绕式 VR 显示器完全依赖投影系统来提供图像显示，因此常常被称为"基于投影的虚拟现实"。虽然现在的大型显示墙通常是通过并排设置多个平板显示器来创建的，但投影系统可以创建无框的相邻显示，使场景更加无缝。对于在平铺平板和投影之间的选择，人们提出了三个折中方案：平板（目前）有边框，在视图中产生竖框效果（不好）；平板通常更方便安装在较小的空间（好）；通常需要更多的平板来覆盖相同的表面积，这也提供了更高的分辨率（差/好）。

在设计环绕式 VR 系统时，另一个需要权衡的问题是，在考虑投影方法时，是从屏幕后面投影（后置投影），还是使用前置投影（投影仪与参与者在屏幕的同一侧）。大多数环绕式 VR 系统都是后置投影，避免参与者在屏幕上投下阴影。然而，超短焦投影仪可以用于前置投影，并且只有当用户非常接近屏幕表面时才会投射阴影。有时，只要把投影仪安装在离地面足够高的地方，前置投影就能工作得相当好。事实上，在大多数设计环绕式 VR 系统中，地板是从上面投射出来的。

例如，由 Walt Disney Imagineering 公司设计的 DISH 系统在平滑的曲面上使用较高安装的前置投影，通过投影重叠和混合技术来完全消除接缝，从而产生极强的沉浸感。

现在有一种趋势，即从后置投影屏幕和投影仪转向大型的平板显示器。平板显示器具有更高的分辨率，需要较少的维护（校准和灯泡更换），比典型的后置投影系统占用更少的空间。并且在投影仪和屏幕之间不需要额外的距离，而这个对后置投影来说是必需的。然而，除非平板显示器的显示面板足够大，可以跨越墙壁大小的空间，或者有零空间的支座，否则平板显示器系统将会有打破框架的问题，并使负视差图像难以观看。

2.1.2 头戴式显示器

头戴式显示器（head mounted display, HMD），也叫头盔显示器，是虚拟现实系统中关键设备的重要部件之一。自 1968 年苏泽兰特提出头盔显示概念以来，人们陆续开发出了一系列产品。尽管这些产品在形状、大小、结构、性能及用途等方面存在很大的差异，但其基本原理却是相同的，都是由显示屏和特殊的光学透镜组成。如图 2-2 所示，是一个双眼局部重叠的头盔显示器的光学模型。

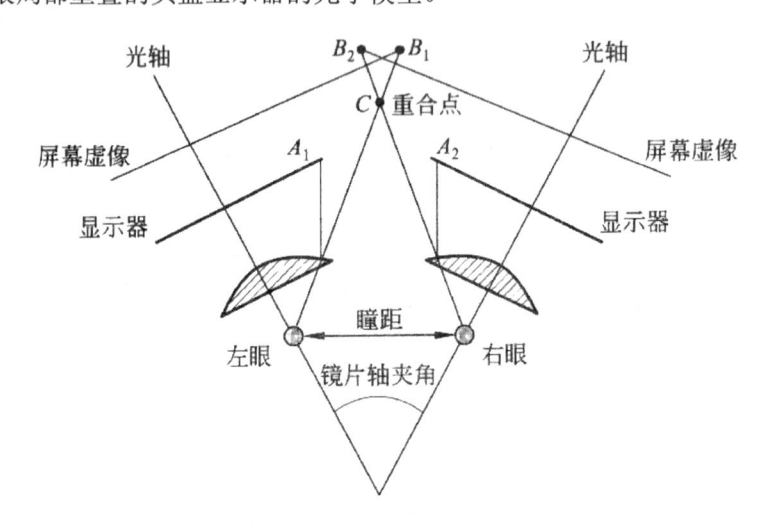

图 2-2 双眼局部重叠的头盔显示器的光学模型

头盔显示器是虚拟现实系统中普遍采用的立体显示设备，它通常被固定在用户的头部，随头部的运动而运动。同时，其内部安装的位置跟踪器能够实时测出头部的位置和朝向，并将数据输入计算机，由计算机根据这些数据生成相应的场景图像，通过显示屏提供给双眼。

头盔显示器相对于其他立体显示设备来说价格较贵，但由于其较好的沉浸感，同时可方便用户自由走动，因此应用较为广泛。衡量头盔显示器性能的指标包括以下几个方面：

（1）逼真的立体视觉

"逼真"指用户所看到的景象中所有点的方位角和俯仰角与原始图像中的对应点一致。"逼真的立体视觉"是指用户双眼所看到的两幅图像要同时达到这个条件。

立体视觉是人眼形成深度感觉的重要因素，VR系统要产生深度感觉，其立体视觉就必须提供深度信息。

（2）分辨率

在视网膜中心部分人眼的分辨率最高，大约为1弧分，随着距离中心点的拉长，其分辨率也会相应地降低。目前的技术水平还无法提供如此高分辨率且结构合理的设计，因此大多数HMD通常都以牺牲视场边缘分辨率的方法来进一步提高视场中心的清晰度。

（3）视场

视场是指人眼所能够看到的视觉范围的大小。在VR系统中，视场是沉浸感的关键因素，也是衡量光学系统性能好坏的主要参数，同时对头盔显示器等其他参数的最终规格也有很大的影响。

视场对VR系统的影响主要体现在两个方面：总视场角和视场重叠角。例如，一只人眼的水平视场角是150°，垂直视场角是135°，而两眼总的视场角是180°，两眼的视场重叠角是120°。但是，要制造符合此种规格的显示器是不太可能的，目前已经商品化了的头盔可产生的最大水平视场角约为100°，最大垂直视场角约为50°。

（4）透射率

根据透射率的不同，可以将HMD分为封闭式和通透式两种，封闭式HMD的透射率为0，通透式HMD的透射率通常设计为外景可见光反射率的20%～50%。戴上封闭式HMD，用户即可与真实世界完全隔离，只能看到由计算机生成的虚拟图像；戴上通透式HMD，用户可以看到虚拟世界叠加在真实世界上的合成景象，起到了增强和补充的作用。

（5）重叠率

双眼图像重叠在一起的部分称为双目重叠区。仿照该原理制造的局部重叠式HMD可以在不降低分辨率的前提下，提供更宽的视场。局部重叠式HMD的双目视觉产生于中央重叠区，而单目视觉则产生在其外围。

通常，中等视域的系统需求采用全重叠式，以减少双目差异带来的影响；极宽视域的系统需求则采用局部重叠式，以保证分辨率和头盔重量不发生较大的改变。

（6）重量

较重或设计不合理的HMD将会带给用户疲劳感和不适感，理想的HMD应该轻便易戴、重心合理。目前，常用的能够减轻头盔重量的方法如塑料头盔体和塑料透镜等。

（7）人的元素

在设计或购买头盔显示器时，由于人与人之间存在许多方面的差异，如瞳距、头的大小和形状，以及是否戴眼镜等，因此必须对这些因素加以考虑，否则会对视觉显示效果产生影响，造成视觉光学畸变、聚焦偏差或者无法融合两眼图像等问题。

2.1.2.1 封闭式 HMD

基于头部的虚拟现实显示器的屏幕通常体积小、重量轻，因为它们是由用户佩戴或持有的。当然，平衡吊杆式系统允许稍重的显示器，但重量仍然是控制支撑臂运动的一个因素。大多数 HMD 都支持立体图像深度线索。与固定式显示器使用的滤镜不同，基于头部的系统使用双视觉输出（每只眼睛一个），或在一个显示器（如智能手机屏幕）上显示两半的图像（左右眼视图）。

HMD 可使用多种跟踪系统。大多数消费级产品都在显示单元中内置了跟踪系统，其他一些没有配备任何类型的跟踪，但大多数至少包括基于加速度的跟踪，系统开发人员必须从许多可能的位置跟踪方法中选择。

HMD 主要依靠方位线索来响应用户的动作。如果应用程序开发人员认为体验不会因缺乏定位跟踪而受损，那么仅使用自参考跟踪器（如惯性设备）就成为一种合理的可能。这使得基于 VR 的智能手机显示器可以使用自己的内部跟踪机制，因此只要不需要完整的 6-DoF 信息，就不需要额外的跟踪硬件。

HMD 的缺点如下：

第一，跟踪和图像生成系统中的任何延迟都会给观众带来明显的影响。当场景的视图滞后于用户头部的移动时，会导致视觉混乱，经常导致用户头部摆动。在虚拟现实中，这种滞后是导致晕动症的主要原因之一。

第二，典型的头盔显示器的视场是有局限的，虽然现代的消费级 HMD 已经大大提高了标准。分辨率和视场之间存在一些权衡，一些系统可能选择更高的分辨率。许多消费级高清显示器在视场中心有很好的清晰度，但是边缘处的清晰度降低——当眼睛直直地看的时候还好，因为它们周围的接收分辨率不是很好，但是当我们移动眼睛的时候，就会变得模糊，因此必须转动我们的头。有时作为一种折中，会通过降低像素密度来增加视场。

第三，HMD 还可能很难穿，穿起来也很不舒服。HMD 不能很好地适应所有的眼镜，而且即使只是短暂的佩戴，HMD 的重量会导致疲劳和颈部扭伤。通常连接到 HMD 的电线会限制用户的移动自由。当然，随着 HMD 逐渐向无线眼镜的方向发展，许多物理约束都会减弱。

虽然面向消费者的 HMD 取得了很大进展，但由于立体视觉、调节和汇聚的深度线索之间存在冲突，一些 HMD 仍然难以长时间使用。这些冲突会导致眼睛疲劳和其他负面影响。由于大多数 HMD 都有一个固定的焦点，调节线索告诉你的大脑所有的物体都处于那个距离。然而，立体视觉、视差、透视和其他线索可能与调节线索相冲突，告诉你的大脑物体的距离与焦距不同。一些最新的变焦技术（如光场）可以用来缓解调节不匹配。

HMD 的优点如下：HMD 的视场覆盖了观察者周围的整个范围。与大多数固定式显示器不同，无论用户朝哪个方向看，图像都没有缝隙。HMD 很容易携带，而且只需要很少的地面空间。事实上，一个简单的智能手机虚拟现实支架可以放在口袋里，随时与手机结合，体验基于手机的应用程序。然而，使用便携式游戏笔记本电脑，即使是像 HTC Vive 或 Oculus Rift 这样的 HMD 也可以打包在一个便携箱中，并在几分钟内完成设置。

在某些应用中，向用户屏蔽现实世界的能力非常重要。由于封闭式 HMD 将物理世界隐藏在视场之外，因此与基于投影的固定式 VR 系统相比，它们可以在更大范围的场馆中运行，而投影式固定 VR 系统需要特定的照明条件才能正常工作。当然，封闭式 HMD 的使用必须限制在受保护的区域，因为戴着这些显示器的人在现实世界中看不到潜在的危险——尽管出于对消费者安全的认识，HMD 软件可以保护用户。保护用户安全的一个很好的例子是 HTC Vive 的"Chaperone"系统，当用户接近安全可玩区域（由他们定义）的边缘时，它会在用户周围显示一个彩色的盒子。这种安全视图可以通过 Vive 上的前置摄像头获得真实世界的对比增强视图来扩展。

2.1.2.2 非封闭式 HMD（光学透视和视频透视）

非封闭式 HMD 主要用于增强现实的应用程序。有两种方法可以用来实现这些显示的"透视"效果：光学或视频（包括深度摄像机捕捉）。光学方法使用透镜、镜子和半镀银的镜子将计算机图像叠加到现实世界的视图上。视频方法使用电子混合将计算机图像添加到现实世界的视频图像中,这是由安装在 HMD 上的摄像机生成的。深度摄像机捕捉方法将现实世界的实时三维点云混合到虚拟世界的适当区域中,这样参与者可以看到混合的世界。这样做可能是为了用户安全,或者使参与者能够在沉浸其中的同时进行真实世界的操作。

使用透视 HMD 也是为了向用户展示真实世界的各个方面,以确保用户的安全,或者是为了使用户在沉浸其中时能够与真实世界的对象进行交互。例如,HTC Vive 的摄像头视图可以用来向沉浸在虚拟世界中的参与者展示真实的物理危险。

透视 HMD 通过视频、光学捕捉或穿越真实世界,将虚拟世界注册到真实世界的视图,其组件包括那些封闭 HMD 所需的部件,加上额外的设备。固定式跟踪系统需要实现与真实世界和系统将运行的真实世界模型或部分模型的精确配准。通常,这两个需求是相互关联的。改进跟踪的一种方法是使用已知的现实世界,并将其与在视频输入中看到的世界相匹配。可以在现实世界中添加特殊的基准标记(地标或参考标记),以提高跟踪的准确性。当计算能力和计算机视觉算法受到限制时,可以为计算机视觉算法专门设计基准标记,以便于找到它们并计算它们相对于摄像机的位置。现在,任何具有适当纹理的静态图像都可以用作基准。因此,现实环境的一部分图像可以用作基准标记。

近场增强现实唯一的附加要求是完成头部的 6-DoF 位置跟踪。这源于这样一个事实:在虚拟世界和现实世界之间进行注册需要准确地知道眼睛在现实世界中的位置。在某些情况下(当被增强的世界要素相对较远时),精确跟踪并不重要,但是这些情况有时也不需要头戴式 AR 显示器,因此更常见的是手持式 AR 应用。

对于计算机来说,要创建一个用户肉眼看不到的现实世界信息视图,它必须具有该信息视图的内部模型,这个模型可以预先存储。例如,如果应用程序是查看建筑物基础设施中的电气、管道和管道工作的辅助工具,则可以从该建筑物的 CAD 数据库中获取信息视图。当然,现实世界的模型也可以实时创建。例如,谷歌 Tango 和微软 HoloLens 等系统可以实现实时的真实世界捕捉,这些系统使用 SLAM 跟踪来创建飞行环境的模型,并可以使用相同的信息实时记录当时的现实世界状态。

在透视 HMD 中,现实世界是环境的一部分,这一事实意味着现实世界的约束将影响虚拟世界中可以做什么。虚拟世界的某些方面可以被操作,其他方面则不能。重力等物理定律不能失效,时间不能停止、放慢或逆转。另外,通过对现实世界的足够了解和适当的渲染技术,不透明对象可以变得透明。

在增强现实系统中,精确地遮挡物体可能是很困难的。有时,位于组合世界中的虚拟对象位于真实对象的后面。确定对象在渲染场景中的正确介入不是一个小问题,特别是在确定移动现实世界中未跟踪的对象时。

当使用透视显示器时,通常只有少数对象与虚拟对象存在潜在的介入问题。一种解决方案是跟踪这些对象,并根据它们的位置信息绘制阴影蒙版。真实的物体将被遮挡物体的化身取代,并在场景中适当地渲染。因为化身是虚拟世界的一部分,它们的介入将在场景中正确地配准。

2.1.2.3 智能手机 VR 显示器

智能手机技术已经成为虚拟现实领域复苏的主要催化剂。以极低的成本生产数以百万计的小型高清平板屏幕,成为生产面向消费者的高清显示器的手段,其起源于众筹资助的 Oculus DK-1。此外,集成到所有移动计算平台(手机和平板电脑)的惯性/MEMS 跟踪装置的激增对 VR 来说是至关重要的。鉴于这些设备也可以像几年前的台式计算机一样出色地渲染 3D 计算机图形,因此手机(或平板电脑)本身可以用作虚拟现实显示器的主要组件。对许多人来说,智能手机虚拟现实将是他们首次接触到的虚拟现实体验;而对其他人来说,这可能是他们最经常体验虚拟现实的方式。

虽然在很大程度上,智能手机虚拟现实系统共享标准 HMD 的大部分品质,但小巧的外形和便携性使其成为许多体验类型中的不错选择。而且,因为几乎每个人都有智能手机,它拥有巨大的市场渗透率,或者至少是潜在的消费者基础,所以它的切入点是低成本的。

智能手机虚拟现实系统的缺点是计算能力低,标准输入控制少,缺乏完整的 6-DoF 位置跟踪。

2.1.2.4 基于头部的(穿戴的)投影式显示器

有一类较为少见的虚拟现实显示器,它有一种将虚拟世界投影到用户周围表面的功能。到目前为止,这种功能主要是通过使用反光材料作为投影虚拟世界的表面,并将投影仪与用户的眼睛对齐来实现的。因此,投影仪要"安装"在用户头上,而头戴式投影显示器(head-mounted projective displays, HMPD)也是如此。它们也可以称为基于头部的反光显示器。

在很多情况下,头戴式投影显示器可以作为增强现实显示器使用,因为人佩戴显示器时，仍然可以看到现实世界。当然，如果整个现实世界中的显示屏都是由反光屏组成的，那么它就是纯粹作为虚拟现实系统使用的。但是，不管屏幕覆盖了多少表面，附近的其他人仍然可见，就像在固定式虚拟现实系统中一样，因此与其他人的自然交互是可行的。

HMPD 最大的优势在于，几乎所有来自用户"头盔"的光都会返回到他们自己身上，只有他们自己才能看到。因此，当多人在同一个房间中佩戴 HMPD 时，他们可以看到彼此，但只能看到虚拟的对象。因此，当指向虚拟对象时，每个用户都会在指尖的末端看到相同的对象，这只是从他们自己的角度来看的。它将环绕式系统（方便人与人之间的交互）与头戴式系统（每个人都有自己的视角）的功能融合在一起。

2.1.3 手持式显示器

手持虚拟现实显示器由一个屏幕组成，但这个屏幕足够小，用户可以握住它。当然，要将其视为虚拟现实显示器，屏幕上的图像必须对它与观察者之间的观察方向的变化作出反应。也就是说，它必须具有空间感知能力。

手持式显示器既可以作为一个"魔镜"进入现实世界，也可以作为一种覆盖 3D 虚拟物体的方法。魔镜界面方法甚至可以应用于其他虚拟现实应用中。由于智能手机和移动平板电脑用户的激增，用于 AR 技术的手持式虚拟现实显示器的使用频率不断提高，这些设备集成了增强现实和某些虚拟现实系统所需的组件，允许用户简单地安装增强现实应用程序并开始使用它，而不需要购买任何其他硬件。

2.2 跟踪定位传感器

位置传感器是向计算机报告其位置和方向的设备，通常，在已知位置存在固定基座，并且每个被跟踪的对象都有附加装置或标记。常见的应用是使用位置传感器来跟踪参与者的头部和一只或两只手。位置传感器是任何虚拟现实系统中最重要的跟踪设备。位置跟踪告诉虚拟现实系统用户位于虚拟现实空间内的位置以及他们的姿势。每种位置传感器都有其自身的优点和局限性。

2.2.1 机械跟踪

位置跟踪的一种基本技术途径是通过机械手段。例如，铰接式臂状吊杆可包含用于测量头部位置的传感器。用户可以把设备的一部分绑在头上，也可以把脸贴在上面，然后握住手柄。臂架在有限的范围内跟随他们运动。臂架的每个肘关节和连杆都有传感器，可以报告关于臂架肘关节的角度和方向的值。对象的位置根据累积的输入计算。苏泽兰特的 HMD 系统中使用的机械跟踪系统被称为"The Sword of Damocles"。

机械连杆机构的转动和线性测量可以实时、准确、精密地完成。利用简单的矩阵数学知识，可以快速计算出精确的位置值。一些设备，如 Virtual Research System 公司的 Window VR，也会利用臂架连接来帮助支持视觉显示系统的物理重量。

除了位置跟踪器，发动机和制动器也可以连接到臂架上，以创建一个力显示（触觉显示）。这些设备不是跟踪用户的头部，而是跟踪（并提供反馈）用户的手或脚。

机械系统的主要缺点是物理连接将用户限制在世界中的固定位置。还有一些其他的问题，如因为移动重型显示设备可能需要花费一些力气——特别是当大型设备连接到连杆时。在现代系统中，机械跟踪器通常与用于手的触觉 I/O（输入/输出）设备耦合。理论上，用于向用户提供力反馈的穿戴式外骨骼可以提供一种移动机械跟踪系统，其所报告的所有位置都与用户自己的身体有关。

当然，机械跟踪器很少用于跟踪与眼睛相关的视觉显示。

2.2.2 超声波跟踪

超声波跟踪使用按一定时间间隔发出高音调的声音来确定发射器（扬声器）和接收器（麦克风）之间的距离，三个固定发射器与三个接收器相结合组成严格形式，为系统提供足够的数据，通过三角测量计算物体的完整 6-DoF 位置。为了增强稳健性，通常会使用大量的发射器。

声音的特性确实限制了这种跟踪方法。如果噪声发生在跟踪系统所使用的频率范围内,那么在有噪声的环境中,跟踪性能会下降。声音必须在扬声器和麦克风之间畅通无阻,才能准确地确定声音在两者之间传播的时间(以及由此计算的距离)。基于这项技术建造的跟踪器的范围并不大,并且要么是受到连接在接收器上的电线限制,要么是受到无线电通信电池消耗的限制。由于发射器技术(扬声器)的成本较低,因此覆盖较大区域在经济上是可接受的,可以通过添加更多的扬声器来扩大范围。

超声波跟踪的另一个限制是对位置进行三角测量需要多个独立的发射器和接收器。这些发射器和接收器必须隔开一定的最小距离。对于可以在整个物理环境中安装的发射器而言,这通常不是问题,但对于接收器来说可能是一个问题,因为接收器的目标是制造尽可能不受阻碍的小而轻的单元。

2.2.3 电磁跟踪

电磁跟踪是一项虚拟现实技术,随着其他技术的流行或改进,这项技术的使用也经历了起起伏伏。它仍然是一些低成本、用于近距跟踪的可行解决方案。这种跟踪技术通常使用一个发射器,由机组内三个正交的线圈产生一个低电压磁场。反过来,这些磁场在另一组线圈中产生电流,这些线圈位于被跟踪物体所穿的较小的接收单元中。测量接收器内部每个线圈中的电流,可以确定其相对于发射器的位置。发射器基本单元固定在一个已知的位置和方位,以便计算接收单元的绝对位置。多个接收单元通常放置在用户身上(通常是头部和一只手)、使用的任何道具上,有时也放置在手持显示设备上。

全 6-DoF 的位置是通过电磁跟踪来测量的,方法是通过发射器中三个正交线圈分别诱导正交磁偶极子。

电磁跟踪系统的局限性主要表现在以下几个方面:

第一,环境中的金属具有电磁性,如铁和镍会引起涡流,从而导致反馈干扰。

第二,产生的磁场范围很小。根据具体型号的不同,接收器只能在距离发射器约 0.9～2.4 米的范围内以合理的精度工作。当用户移动到操作范围的边缘时,精度会大幅下降。虽然可以使用多个发射器来扩大范围,但很难实现。

第三,计算位置数据的顺序特性要求生成数据,这需要大量的时间,从而增加了跟踪延迟。

电磁跟踪系统的主要优点是没有视线限制，用户可以在一个空间中移动。

另外，用户和发射器之间可能有多个非金属视觉或声音障碍，这些障碍会干扰其他类型的跟踪设备。

2.2.4 光学跟踪

光学跟踪系统通过使用视觉信息监控用户的位置。有很多方法可以做到这一点。最常见的虚拟现实系统是使用一个或多个固定摄像机作为电子眼来监视被跟踪物体或人。请注意，我们将相反的情况称为"视频跟踪"——摄像机放置在参与者身上，并注视着外面的世界。

通常，使用一组摄像机，每个摄像机位于固定位置。然后使用计算机视觉技术根据摄像机"看到"的东西来确定物体的位置。这里需要注意的是：摄像机不一定限于可见光谱，实际上它们通常都调整为红外线，因为系统采用这种方式产生光线不会分散用户的注意力。

另一种单源视频跟踪方法使用安装在桌面监视器附近的小型摄像机（如用于桌面视频电话会议的摄像机）。该相机可以通过检测观察者的头部和脸部来粗略地计算用户在监视器前面的位置（考虑到用户头部与屏幕的距离通常在一定范围内）。该系统可以将面部跟踪作为基于桌面显示器的 VR 系统的一种原始的、不受束缚的光学跟踪器。

特定光学跟踪系统的参数可以对跟踪数据的范围和质量施加限制。在单摄像机系统中被跟踪的人或物体与摄像机之间的视线必须始终清晰。由于被跟踪物体必须位于摄像机的视线范围内，因此参与者的移动范围是有限的。更强大的视觉跟踪系统利用了一系列集成摄像头。

通过组合多个视觉输入源（摄像机），虚拟现实系统可以获得有关参与者的其他位置信息。通过谨慎地瞄准摄像机，可以跟踪参与者的多个物体或多个身体部位（如手和脚）。对于多摄像机系统，需要确定它们之间的相对位置，通常通过一些校准过程来确定。一些较小的系统包括两个或三个刚性连接的摄像机，一般通过预先确定它们的相对位置来避免手动校准。

为 MoCap（运动捕捉）行业开发的系统也使用摄像机来跟踪人和物体的运动。虽然用于不同的目的，但技术的紧密重叠使得虚拟现实社区能够随着 MoCap 技术的发展而驾驭它们。MoCap 和虚拟现实跟踪系统之间的一个区别在于，对于 MoCap，跟踪了许多单个参考点，跟随一个或多个人的每个关节，甚至他们正在操作的对象；而对于虚拟现实系统，跟踪的点数较少，但还需要确定获取完整 6-DoF 的方向。为了实现 6-DoF 跟踪，3~6 个标记的小的刚性非对称构造物理地连接在一起。这些集合通常被称为"刚体"或"星群"。

2.2.5 视频（光学）跟踪

视频跟踪也是一种光学跟踪方法。视频测量跟踪在某种程度上与刚才描述的情况相反，摄像机安装在被跟踪的对象上，并监视周围的情况，而不是安装在一个固定的位置上监视被跟踪的对象。VR 系统通过分析周围空间的传入图像来定位地标，并得出摄像机相对于地标的位置。例如，摄像机可以安装在 HMD 上，向 VR 系统提供输入，VR 系统能够确定环绕房间角落的位置，并根据这些信息计算出用户的位置。

视频跟踪通常是为智能手机和平板电脑设计的增强现实应用程序的首选跟踪方法，或者通过附加摄像机的 HMD 进行跟踪。要使视频跟踪系统工作，必须知道空间中的地标位置，或者从其他数据中辨别出地标的位置，以便确定传感设备的绝对位置。图像分析用于定位地标。当虚拟现实系统首次引入视频跟踪时，要使用已知位置处的不同地标来减少计算，但是现在已经在很大程度上克服了这种限制。使地标在形状或颜色上不同，计算机视觉算法可以容易地跟踪多个点并将它们与周围的物体区分开。这些基准地标作为世界中已知的参考点。随着手机和平板电脑的计算能力的提高，对那种刻意的基准地标的需求已经减少，可以以自然环境作为参考。这种方法通常被称为自然特征跟踪（natural feature tracking，NFT），通常用于增强现实系统，该系统采用视频透视方法，将合成世界叠加到现实世界。

随着移动设备计算能力的提高，以及大型的已知图像数据库的增加，在更大的空间中使用 NFT 已经变得更加可行。通过将这些技术与 GPS 系统提供的数据相结合，可以缩小搜索空间，使系统更容易地识别环境中的地标。例如，如果一个系统"看到"了一座摩天大楼，而 GPS 报告了摄像头的位置，那么该系统就只需要搜索该地区中的摩天大楼，从而缩小了搜索范围。

例如，任天堂 Wii 的遥控器也使用了视频跟踪技术。Wii 遥控器的一端有一个红外摄像头，摄像头拍摄的视频经过过滤，会出现一对（或更多）明亮的红外光。红外光源是位于"Wii 感应栏"的 LED 灯（它没有感应功能，只会发射红外光）。

SLAM 跟踪可以实时识别可作为基准地标的特征，然后用于视频跟踪。

2.2.6 惯性跟踪和其他微机电系统技术

惯性跟踪使用机电仪器通过测量陀螺力、加速度和倾角的变化来检测传感器的相对运动，通过测量加速度的装置（加速度计）检测相对运动。因此，要确定对象的新位置，就必须知道它的起始位置。另一种称为倾斜仪的仪器用来测量倾角，或者一个物体相对于它的"水平"位置倾斜的程度（例如，一个人的头部倾斜度）。它就像一个木工水平仪，除了它的输出是一个可以由计算机解释的电信号。陀螺仪和磁力计是另外两种现在作为 MEMS 使用的传感器类型。

历史上，电子惯性导航系统长期以来被用作海上和飞行导航的手段，为人们提供高精度的位置信息。MEMS 传感器通常包括非惯性传感器，如磁力计（指南针），有时还包括用于更稳健的导航单元的倾角仪。这些廉价的微电子传感器结合角速率，使用陀螺仪、角加速度计、线性加速度计和倾角仪的磁读数，能够提供外心方向，形成一个小型自包含跟踪系统。现代智能手机和平板电脑，以及大多数面向消费者的头戴式显示器，现在都包括这些传感器。

虽然可以用陀螺仪（用于定位信息）和线性加速度传感器来测量全 6-DoF 的位置变化，但仍有一些技术问题需要考虑。因为陀螺仪和线性加速度传感器提供的是相对（而非绝对）测量，所以系统中的误差会随着时间的推移而累积，从而导致位置报告越来越不准确。因此，在虚拟现实的实际应用中，这些跟踪系统通常仅限于定向测量。随着时间的推移精度下降（漂移）是 3-DoF 定向跟踪系统的一个问题，但可以通过使用滤波器和综合传感器的信息来减少精度下降，传感器包含来自倾斜仪和磁力计的独立的绝对测量数据，以及来自外部跟踪系统的数据。如果没有一个单独的跟踪系统来比较基于惯性的跟踪值，系统有时需要手动调整。手动调整是通过将跟踪对象移动到一个固定的方向并将其校准到这个固定的参考点来完成的。根据系统的质量和是否对输入的数据流使用滤波算法，显著漂移导致跟踪不令人满意的时间量是不同的。

对于固定的视觉显示器，很少专门使用惯性跟踪，因为需要精确的用户头部位置信息，惯性跟踪本身不能提供足够的信息来确定位置。尽管存在这些限制，惯性跟踪仍可提供显著的优势。主要的好处是它们是独立的单元，不需要固定到已知位置的互补组件，因此没有范围限制。它们可以与用户一起在大空间内自由移动。与其他许多跟踪方法相比，它们提供快速响应。

高质量的单元价格低廉，通常直接集成到廉价的消费级 HMD、智能手机和一些游戏控制器中，如 Wii 遥控器、Playstation Move 控制器和 Google Daydream 控制器。

惯性跟踪系统可与其他跟踪系统相结合，以提供最佳的跟踪方法。例如，在使用 HMD 的虚拟现实系统中，低延迟跟踪对增加沉浸感及减少模拟器疾病的可能性尤为重要。惯性跟踪可以为 HMD 的方向提供低延迟跟踪信息，允许系统快速更新视图方向。其他跟踪方法，如磁力跟踪，可以以稍慢的速度提供位置运动，也可以用于校正惯性系统中的漂移。

2.2.7 测距技术跟踪

测距技术是指通过发射和接收一个信号（通常是发射信号，尽管可能有时是响应信号），并使用时间和信号修改来确定信号发生器和信号方向上的物体之间的距离。由于这些系统的本质是一个组件同时进行信号的发射和接收（尽管每个组件可能具有不同的传感器），因此系统不需要同时连接到环境和用户，它只需要与一个或另一个连接（或相关联）。当从环境中进行跟踪时，它是外向内跟踪；当对用户或对象进行跟踪时，它是内向外跟踪。对于增强现实系统，内向外跟踪方法更为常见。

符合测距定义的技术包括雷达、激光雷达、结构光深度映射、基于图像的深度映射和其他测距技术。

2.2.8 肌肉/神经跟踪

肌肉/神经跟踪是一种感知个体身体部位运动的方法。它不利于跟踪用户在空间中的位置，但它可以用于手指或其他肢体的自我中心运动跟踪。小型传感器通过黏合剂或魔术贴固定在手指或四肢上。传感器测量神经信号变化或肌肉收缩，计算被跟踪的肢体或手指的姿势，并向虚拟现实系统报告数值。

这种类型的跟踪测量皮肤电反应以确定某一区域的神经和肌肉活动。当然，这并不意味着像科幻小说中描述的那样，通过脑电图传感器收集脑电波信息，进行一些实验，这些信息并不用于跟踪用户身体的位置。

通过监测皮肤特定区域的电脉冲，可以确定控制手指弯曲和类似动作的肌肉的触发。这项技术最近有了重大的发展，可以与假肢装置一起使用，通过监测上肢的神经刺激来控制假肢的运动。

2.2.9 综合跟踪方法

有时可以利用每种方法的优点来克服另一种方法的局限性，从而提供良好的结果。例如，在使用视频透视式头盔显示器的应用程序中，系统可以根据 HMD 摄像机所看到的内容使用视频跟踪。如果一个跟踪器将另一种跟踪形式附加到 HMD 上，如电磁跟踪器，则来自每个跟踪器的信息可以帮助校准其他跟踪器。

更常见的情况是，MU 跟踪器通常与能够确定绝对位置的跟踪器技术相结合，这样实际上实现了自校准。快速的响应时间和接近零的成本使得 MU 跟踪器几乎无处不在，它可以提供快速响应和精确定位。

SLAM 跟踪：SLAM 技术实时收集现实世界的数据，创建周围环境的几何模型。当收集到新的数据时，系统计算传感器相对于以前收集的数据的当前位置，本质上是跟踪系统在被捕获时在世界中的位置。谷歌的 Tango 项目提供了一个 Android 平台，用于使用 SLAM 开发应用程序，比如测量现实世界中的距离和面积的工具，或者将虚拟物体引入世界模型的工具。微软的 HoloLens 头戴 AR 显示使用 SLAM 来帮助跟踪和建立一个模型世界。SLAM 系统通常由深度图重构技术与 MU 传感器相结合来创建，以确定数据相对于世界的方向。SLAM 跟踪作为一个内向外的位置跟踪系统是很有用的，还可以用来将现实世界融入虚拟现实体验中。

广域跟踪：跟踪技术还有很大改进空间的另一个领域是广域跟踪。最常用的广域跟踪工具是 GPS（全球卫星定位系统）。GPS 是一种非常有用的广域（事实上是全球性的）系统，用于在全球定位一个接收器位置。然而，它当然对虚拟现实有严重的限制，因为它的精度比透视渲染所需的位置精度差一个或两个数量级，而且 GPS 不提供方向。

此外，GPS 只有在有足够数量的卫星处于视场范围内时才会工作，这使得它无法在室内工作，而且当它被高楼或树木包围时更难工作。同样，可以通过结合技术来改进跟踪。GPS 可以与 SLAM 技术相结合，让系统大致知道它在哪里，然后 SLAM 系统生成一个可以跟踪用户的本地区域模型。

2.3 VR 声音系统与设备

2.3.1 头戴式听觉设备——耳机

基于头部的听觉设备（耳机）会跟随参与者的头移动，并且只能供一个人使用，可以为用户提供一个完全隔离的环境。通常情况下，在基于头部的视觉设备中，用户可以使用封闭式耳机屏蔽掉真实世界的声音。

根据安在耳上的方式，耳机分为两类：一类是护耳式耳机，用护耳垫连在耳朵上；另一类是插入耳机（或耳塞），声音通过它送到耳中某一点。插入耳机可能很小，并封闭在可压缩的插塞中（或适于用户的耳模）放入耳道。耳机的发声部分一般远离耳朵，其输出的声音经过塑料管连接（一般内径为 2 mm），它的终端在类似的插塞中。

由于耳机通常是双声道的，所以比扬声器更容易实现立体声和 3D 空间化声音的表现。耳机在默认情况下输出头部参照系的声音，即当 3D 虚拟世界应该表现为来自某个特定的地点时，耳机就必须跟踪参照者头部的位置，输出不同的声音，及时表现出收听者耳朵位置的变化。与戴着耳机听立体声音乐不同，在虚拟现实体验中，声源应该在虚拟世界中保持不变。这就要求耳机具有跟踪参与者的头，并对声音进行相应过滤的功能。例如，在房间里看电视，电视的位置是用户的对面。如果戴上耳机，电视在用户的前面发出声音，如果转身，耳机需要跟踪头的位置，并使用跟踪到的信息进行计算，使得这个声音永远固定在用户的前方，而不是相对于头的某个位置。

2.3.2 固定式听觉设备——扬声器

扬声器又称"喇叭",是一种十分常用的电声转换器件。它是一种位置固定的听觉感知设备,大多数情况下能很好地用于给一组人提供声音,但也可以在基于头部的视觉现实设备中使用扬声器。

扬声器固定不变的特性,能够使用户感觉声源是固定的,更适用于虚拟现实技术。但是,使用扬声器技术创建空间化的立体声就比耳机困难得多。因为扬声器难以控制两个耳模收到的信号,以及两个信号之差。在调节给定系统,对给定的听者头部提供适当的感知时,如果用户头部离开这个点,这种感知就会很快衰减。至今还没有扬声器系统包含头部跟踪信息,并用这些信息随着用户头部位姿变化适当调节扬声器的声音输出。

环绕立体声是使用多个固定扬声器表现 3D 空间化声音的结果。环绕立体声的研究一直在进行,最有名的使用非耳机的系统是 CAVE。它使用四个同样的扬声器,安在天花板的四角上,而且其幅度变化(衰减)可以仿真方向和距离效果。在正在开发的系统中,扬声器安在长方体的八个角上,而且把反射和高频衰减加入用于空间定位的参数中。这项技术的实现有一定的难度,主要是因为两个耳朵都能听到来自每个扬声器的声音。

2.3.3 手持式听觉设备

把扬声器握在手里似乎是一个奇怪的概念,但在特定情况下,这很有意义。当所持道具(或通用游戏控制器)代表一个虚拟物体,与虚拟世界中的另一个物体接触,那么声音应该从哪里发出?当然,从手持设备所在的位置。因此,如果该设备包含扬声器,它将提供实时、无损的空间化声音。因此,一个用球棒、木槌或球拍击球的球员可以在实际的(虚拟的)接触点附近发出接触声。

另一个手持式听觉显示的应用场景是在现实世界中使用智能手机或平板电脑作为魔镜的移动 AR。除了提供图形元素的叠加,手持设备上的扬声器还可以增强现实感。需要注意的是,音频可以通过设备的扬声器以真正的手持方式呈现,或者可以通过连接到它的一对耳塞传播。

2.3.4 组合听觉系统

不同的听觉设备可以组合为不同类型的听觉系统。例如，耳机和扬声器可以组合在一起。低音是无方向性的，不需要向每个耳朵发送单独的信息，可以直接发送到低音炮扬声器，而更高频率的信息可以通过耳机发送到所需的耳朵。低频声波足够长，我们无法从高频声音中获得相同的信号。研究表明，人们在定位声音方面比人们想象的要差得多，尤其是低频，我们最擅长的是定位高频脉冲。低音也经常发出很大的声音，产生隆隆的感觉。

手持式扬声器（控制器）不能很好地与闭耳式耳机配合使用，但它们与扬声器（或开耳式和近耳式耳机）配合得很好。

2.4 人机交互设备

2.4.1 手部数据交互设备

键盘、鼠标等常见的人机交互设备虽然具有结构简单、紧凑和易于操作等优点，但能够极大地限制操作者手部活动的自由度，减弱其与虚拟世界交互作用的直观性。借助虚拟现实技术就可以直接将手作为人与计算机交互的一种重要手段，使操作者与各种数据设备进行交互，从而不但可以获得大范围的基于手势的交互操作，还可以通过感知单个手指的运动来增强其在虚拟空间中的自由度和灵活性。在虚拟现实环境中，常见的手部数据交互设备包括数据手套、空间球、三维浮动鼠标器等。

2.4.1.1 数据手套

数据手套是虚拟现实系统采用的一项关键设备，它通过三维位置传感器测定手的位置，通过手套上的每个手指的每个关节装有的光纤传感器，测定主要关节的弯曲程度。

数据手套的原理如图 2-3 所示。

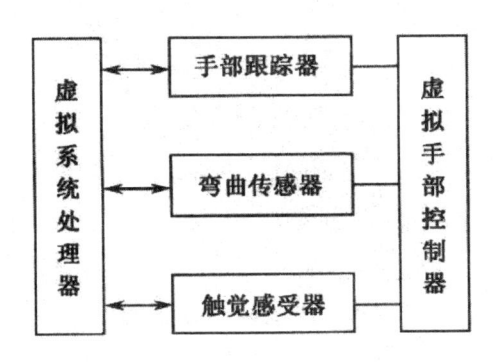

图 2-3 数据手套的原理

当手部跟踪器的反馈信号输入虚拟系统处理器时，虚拟系统处理器就会接收数据手套关节传感器的信号。虚拟系统处理器在处理后，将触觉信息传送给触觉感受器，这样，虚拟用户可以感受到对虚拟物体的接触程度。数据手套的外形结构如图 2-4 所示。

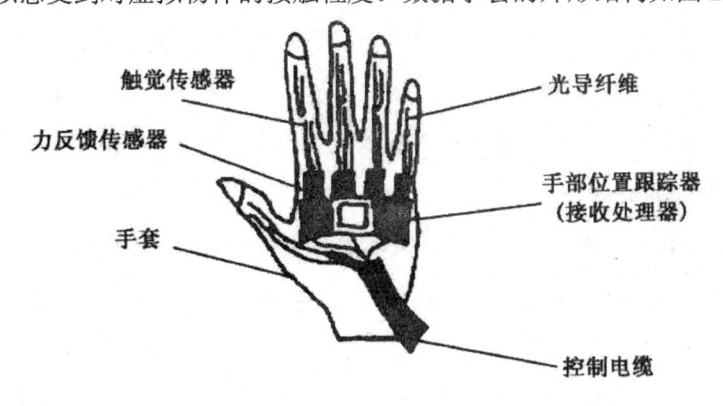

图 2-4 数据手套的外形结构

（1）Data Glove

Data Glove 是由 VPL 公司于 1987 年首先开发的，是最早的手套输入装置，目前全世界有很多研究机构和公司在其应用中不同程度地使用了 Data Glove 技术。Data Glove 手套的底基由轻质、富有弹性且贴合性好的莱卡材料制造，采用光纤作为传感器。Data Glove 手套的外观如图 2-5 所示。

图 2-5　Data Glove 外观

Data Glove 系统包括位置、方向传感器和光纤导线，用于检测手指和手的运动。作为传感器的每条光纤从控制器的线路板引出，集束后经过一根引导软管到达手套上的腕部固定器，再从腕部固定器散开，经手背、指关节延伸到指尖，然后从指尖返回腕部固定器直至控制器，由此形成一个回路，以此来测量每个手指的弯曲和伸展。此外，每根光纤导线的一端配备一个发光二极管，另一端连接一个光敏传感器。通过控制单元把从光传感器那里接收的能量转变成电信号。当弯曲手指时，发光二极管发出的光经过光纤导线从导线保护套的裂缝或切口逸出。关节越弯曲，光线逸出越多，到达光传感器的光就越少。光电信号数据的多少反映了手指的弯曲程度。最后，计算机根据光电信号数据算出手指和关节的弯曲以及其程度。

由于应用场合的不同，各种数据手套的具体工作情况会有些区别，但它们是基于相同的原理来设计的：当光纤处于拉直状态（即手指伸直时），光的传输无衰减；当手指弯曲时，手指关节处（此处的光纤壁经过特殊处理）的光就会溢出光纤。此时，手的真实动作被同步映射到虚拟环境中的虚拟手上。这种虚拟手有助于在虚拟环境里做三维定位的工作。

在初次使用 Data Glove 前需要进行计算机初始化标定，即将 Data Glove 与计算机的接口连接好，戴上手套，做一些基本手势（如手掌平伸、握拳、四指弯曲、拇指弯曲等），以便计算机记录几个标定的测量数据。初始化标定能够为计算机提供描述手的活动范围的样本数据，计算机根据提供的这些样本数据就可以确定手的具体形状和活动边界了。在完成初始化标定后，对于 Data Glove 的具体应用会由计算机软件及控制硬件的设计决定。

（2）Cyber Glove

Cyber Glove 最初是为了给有语言障碍的人提供手势识别的接口，但由于其具有轻便和易于穿戴的特点而逐渐被人们应用。

Cyber Glove 的独特之处在于采用了获得专利的线性弯曲传感技术，其传感器非常薄，灵敏度高，弯曲阻力几乎无法察觉。同时，由于传感器对手指关节上的位置和关节的曲率半径不敏感，Cyber Glove 对不同大小的手都能提供高质量的测量，保证了其在使用过程中的重复度。Cyber Glove 的外观如图 2-6 所示。

图 2-6 Cyber Glove 的外观

为了透气，该手套去掉了手掌区域和指尖部分，这样用户即使戴着手套打字、书写、抓物体也毫无阻力。Cyber Glove 的设计采用了最新的高精度关节传感技术，传感器的角度分辨率可达 0.5 度。

根据传感器数量可将 Cyber Glove 分为 18 个传感器和 22 个传感器两种款型。18 个传感器包括每个手指上 2 个弯曲传感器、4 个外展传感器，再加上测量大拇指交叉、手掌弯曲、手腕翻转和外展等。22 个传感器则在 18 个的基础上再加上了 4 个手指上指节的弯曲传感器。

另外，根据人类左右手的区别，还可以将 Cyber Glove 分为 L 和 R 两种型号，分别提供给左、右手使用，且每只手套都安装有去耦传感器，这样两只手套的输出就不会出现相互干扰的现象。

Cyber Glove 使用了大量的传感器，能精确地测量手指和手腕的位置和运动，且其可重复度高，同时又具有良好的编程支持，可以说其代表了仪器手套的最新成果，目前它已经成为高性能手部测量仪器的行业标准。

（3）Pinch Glove

大多数传感手套在初次使用时都需要进行专门的初始化定标，因为不同的用户手型的大小不同，嵌入手套中的传感器在手指上的位置也是不同的。

Pinch Glove 是 3D 交互仿真及虚拟现实应用中具有非凡性能的数据手套系统，用户可以对虚拟目标对象进行"抓"和"捏"等多种动作，通过设定程序，每个手指有各种不同的动作及相关功能。Pinch Glove 使用特殊布料编织而成，每个手指套里面都带有电子传感器，用以探测一个或多个手指的动作的传导路径。在一些仿真等具体应用项目中，可以结合一些程序指令，定义手指在更大空间内的操作及交互功能。手型非标准要求的性能让使用者无须考虑手的大小等。尤其在沉浸式的虚拟现实应用中，Pinch Glove 为用户提供了简易可靠、高性能、低成本的解决方案。

Pinch Glove 是目前唯一不需要进行定标校准的商业传感手套产品。Pinch Glove 的外观如图 2-7 所示。

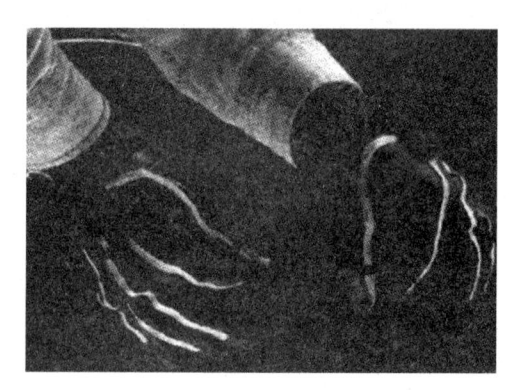

图 2-7 PinchGlove 外观

Pinch Glove 的指尖、手指的背面和手掌相比其他数据手套都增加了传导纤维之类的电极。当一只手的手指之间、一只手的手指与另一只手的手指之间或者手指和手掌之间发生任何接触时，可以通过电路的通、断来确定手势。另外，该手套中还嵌入了一个多路复用芯片，用以减少连接到电子控制盒的导线数目。

（4）5DT Data Glove

5DT（Fifth Dimension Technologies）公司推出的 5DT Data Glove 产品主要用于侦测使用者手部方位（X 轴与 Z 轴两个自由度）及手指弯曲度，它能够仿真鼠标且具备游戏杆的基本功能。

5DT Data Glove 的外观如图 2-8 所示。

图 2-8 5DT Data Glove 外观

5DT Data Glove 的每根手指部分都装有一个感应器，用来测量操作者手指的弯曲程度和位置。同时，其还可以像鼠标器和摇杆一样，通过 RS 232 界面跟主机相连。另外，它特有的 8 bit 弯曲程度解析，使得它戴起来非常柔软舒适，而且它是开放性的结构，支持 USB。

5DT Data Glove 具有左右两手不同的版本，具有延展性，适用于任何手型。5DT Data Glove 的主要组成部件包括手套本身、序列界面电缆线、电源供应器及安装磁盘等。

2.4.1.2 空间球

空间球是一种可以提供六自由度的桌面设备，如图 2-9 所示。

图 2-9 空间球

空间球的一个小球被装在带有一系列开关的底座上，可以通过扭转、挤压、按下、拉出和来回摇摆这个小球，或沿着侧面方向推这个小球，在虚拟环境中移动或控制物体的运动。

空间球所采用的技术几乎与普通鼠标的技术一样简单。在空间球里的小塑料柱上安置了6个红外发光二极管,并利用球里的红外传感器来感知从发光二极管射出的光。每个发光二极管表示一个自由度,如上下、左右、前后、俯仰、摇摆及滚动。当抓住球使它向某一方向移动时,光传感器记录下运动,并通过装在球中心的几个张力器测量出手所施加的力,然后将测量值转化为3个平移运动和3个旋转运动的值输入计算机中。计算机可根据这些值改变显示图像。

空间球具有简单、耐用,易于表现多维自由度,便于对虚拟空间中的虚拟对象进行操作的特性。另外,由于它是放在桌子上的,当它在三维空间工作时,就不必像三维球或二维、六维鼠标那样拿在半空中。当然,它也有一些缺点,那就是不够直观,在选取对象时不是很明确,而且需要在使用前进行培训。

2.4.1.3 三维浮动鼠标器

将三维浮动鼠标器放在桌面上使用时,其与标准的桌面鼠标具有一样的功能,但是将它提起离开桌面后,它就可以成为一个3/6自由度鼠标,可以在屏幕上或立体显示器中的三维空间里操作。

三维浮动鼠标器的工作原理是:鼠标内部安装了一个超声波或电磁探测器,利用这个探测器与一个具有发射器的固定基座,就可以测量出鼠标离开桌面后的位置和方向。

浮动式鼠标在手部数据交互设备中成本最为低廉,但由于其不易进行多维自由度操作,因此其应用效果也是非常有限的。

2.4.2 触觉和力反馈设备

触觉由接触反馈感知和力反馈感知组成,是人们从客观世界中获取信息的重要方式之一。而在虚拟世界中,人们也会不可避免地与虚拟世界中的物体进行接触,去感知虚拟世界,并进行各种交互。因此,在建立虚拟环境时,提供必要的接触和力反馈可以增强VR系统的真实感和沉浸感。

虚拟现实系统中的接触可以按照提供给用户的信息分成触觉反馈和力反馈两类。触觉与力觉系统允许用户接触、感觉、操作、创造,以及改变虚拟环境中的三维虚拟物体。一方面,人们可以利用触觉和力觉信息去感知虚拟世界中物体的位置和方位;另一方面,人们也可以利用触觉和力觉操纵和移动物体来完成某种任务。可以说,没有触觉和力反馈，人们就不可能与环境进行复杂和精确的交互。

虚拟现实系统对触觉反馈和力觉反馈的要求如下：

（1）实时性要求。触觉反馈和力反馈需要实时计算接触力、表面形状、平滑性和滑动等，并要具有真实感。

（2）较好的安全性。由于虚拟系统中的反馈力量是在用户的手或其他部位上加真实的力，因此需要有足够的力度让用户感觉到，但又不至于伤害到用户。

（3）轻便和舒适的特点。该类设备应该具有便于安装与携带的优点，否则执行机械太大且太重，用户很容易感到疲劳。

2.4.2.1 触觉反馈设备

触觉反馈在物体辨识与操作中起着非常重要的作用。同时，它也能够检测物体的接触，是任何力反馈系统中都需要的。

虽然人们研究虚拟触觉的时间不长，但科研人员已经取得了一些重要的成果。就目前技术发展的水平而言，触觉反馈装置主要局限于手指触觉反馈装置。这里对一些技术相对成熟，并且已投入市场的振动触觉反馈和温度反馈等触觉设备进行说明。

（1）触觉手套

由于手是实施接触动作的主要器官，因此目前最常用的一种模拟接触反馈的方法就是使用充气式接触反馈手套或振动式接触反馈手套。

①充气式触觉反馈手套

充气式触觉反馈手套中配置了一些微小的气泡（约 20～30 个），放在对应的位置作为传感装置。当发生虚拟接触时，这些小型气泡能够按需要采用压缩泵来充气和排气而被迅速地加压或减压。同时，由计算机中存储的相关力的模型数据来决定各个气泡在不同状态下的气压值，以再现碰触物体时手的触觉感受及其各部位的受力情况。充气式触觉反馈手套如图 2-10 所示。

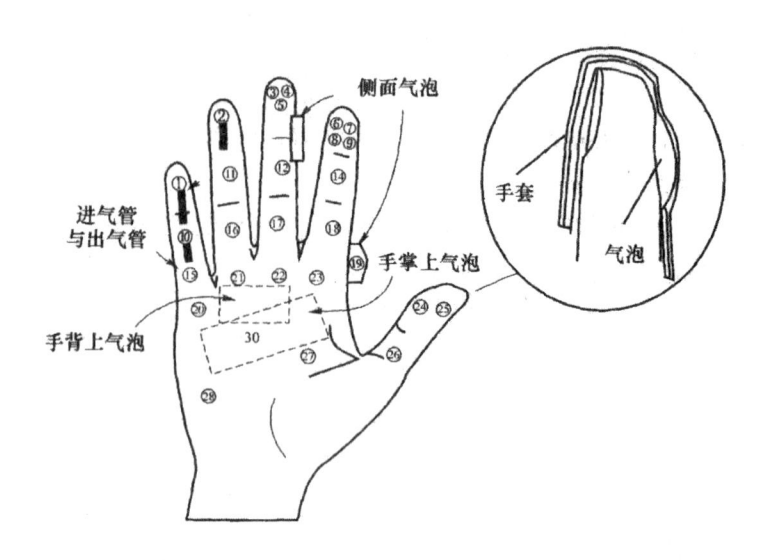

图 2-10 充气式触觉反馈手套

用上述原理创建的模拟触觉反馈工具，虽然还不十分逼真，但已经取得了较好的效果，引起了技术界和用户的浓厚兴趣。目前，应用较为广泛的 Teletact 手套就是按照该原理设计的。

Teletact 手套由两层组成，两层手套中间排列着 29 个小气泡和 1 个大气泡。这个大气泡安置在手掌部位，使手掌部位亦能产生接触感，而小型气泡则分布在手指周围，能够被迅速地加压和减压。每个气泡都各有一个进气和出气的管道，所有气泡的进、出气管汇总在一起，与控制器中的微型压缩泵相连接。同时，在手的敏感部件如食指的指尖部位配置了 4 个气泡，中指的指尖有 3 个气泡，大拇指的指尖有 2 个气泡。在这 3 个手指部位配置多个气泡的目的是仿真手指在虚拟物体表面上滑动的触感，只要逐个驱动指尖上的气泡就会给人一种接触感。使用该手套接触一件虚拟物体时，存在计算机里的该物体的力模型就会被调出，将其数值与气泡测得的压力进行比对，从而产生一种相当精确的触觉。

②振动式接触反馈手套

振动式接触反馈手套是使用小振动换能器实现的,这种换能器通常由状态记忆合金制成，当电流通过这些换能器时，它们就会发生形变和弯曲。由于换能器几乎可以立刻对一个控制信号作出反应，因此利用该换能器制作而成的振动式接触反馈手套也适合于产生不连续、快速的感觉。Cyber Touch 手套就是利用上述原理制作而成的。

Cyber Touch 带有 6 个振动触觉激励器（每个指背一个、掌心一个），每个激励器由一个装有直流电机的塑料胶囊组成，能给用户提供振动触觉反馈。与电动机转轴相连的是一个偏心轮，旋转时可产生振动。通过改变转速，就可改变振动频率（0～25 Hz）。

Cyber Touch 的外观如图 2-11 所示。Cyber Touch 手套适合灵巧的操作任务。在这类操作中，手与对象的操作发生在指尖，而 Cyber Touch 能做到为每个手指提供反馈。

图 2-11 CyberTouch 的外观

Cyber Touch 手套能够为用户提供最佳的运动自由度，但其优异的功能是需要付出高额的代价的。目前，整套 Cyber Touch（包括手套、支持设备和驱动软件）的市场售价为 1 万多美元。

（2）触觉鼠标

触觉鼠标的实现原理是：激励器的轴上有一个质量块，能产生大于 1 N 的惯性力，当轴随着固定元件产生的磁场上下移动时，就会使用户的指尖及手掌感觉到振动。

罗技公司生产的一款触觉反馈鼠标——iFeel Mouse，如图 2-12 所示，就是基于该原理实现的，其外观、重量都与标准的计算机鼠标类似，不同的是附加的电子激励器可以引起鼠标外壳的振动。

图 2-12 iFeel Mouse

与传统的鼠标使用机械球测量不同，iFeel 采用光学进行位置测量。首先安装在鼠标上的微处理器使用光学传感器数据来确定鼠标的平移量，然后通过 USB 数据线将这些数据发送给主机。注意，这里的 USB 数据线同时也用于向该鼠标提供电能。安装在鼠标上的微处理器在接收到反馈何时开始、哪种类型等信息后，就将这些高级命令转换成振动幅度和振动频率，并通过激励器接口驱动激励器。此时，若主机发送的是一个脉冲命令，则手部会产生一种"冲击"触觉；若主机发送的是一串复杂的调幅命令，那么用户就能感觉到各种触觉纹理。

（3）砂纸系统

砂纸系统是使用有力反馈的操纵杆来模拟有纹理表面和不同质量的物体。

在砂纸系统中，虚拟感觉都是由连接在小电动机上的操纵杆（游戏棒）来模拟的。当移动操作杆时，电动机就会产生阻力。例如，当通过凹凸不平的表面时，由于电动机的控制，操纵杆被拉向低的地区，当试图移向一个凸起处时，手中的阻力相应就会增加。当达到顶点时，操纵杆就会被强行拉进下一个低谷处。

2.4.2.2 力反馈设备

所谓力反馈就是指运用先进的技术手段将虚拟物体的空间运动转变成周边物理设备的机械运动，从而使用户可以体验到真实的力度感和方向感。在虚拟系统中，力反馈是很重要的，没有力反馈，虚拟物体表面就不能阻止继续推进，这样就会导致遥控操作中的设备或零部件损坏。

力反馈最早被应用于尖端医学和军事领域。目前，在实际应用中也有几种常见的设备。

（1）力反馈操纵杆

力反馈操纵杆是一种结构简单、价格适中、外观小巧、自由度较小、能产生中等大小的反作用力、有较高的机械带宽的力反馈设备。目前，比较有代表性的是罗技公司生产的 WingMan Force 3D 操纵杆，如图 2-13 所示。

第 2 章 虚拟现实系统的人机交互设备

图 2-13 WingMan Force 3D 操纵杆

WingMan Force 3D 操纵杆采用 I-Force 力回馈式线传动技术，具有 9 个可设定按钮及 8 个方向的视点切换开关，双手操控。WingMan Force 3D 操纵杆的三个自由度中的两个自由度具有力反馈，游戏中使用的模拟按钮和开关也具有力反馈。

（2）力反馈鼠标

力反馈鼠标是一种为用户提供力反馈信息的鼠标设备，如图 2-14 所示。

图 2-14 力反馈鼠标

用户使用该鼠标可以像使用普通鼠标一样，移动光标即可。但它与普通鼠标是有差别的，当仿真碰撞时，它就会给人手施加反馈力。例如，用户移动该鼠标，使光标进入一个图形障碍物，这时鼠标就会对人手产生反作用力，阻止这种虚拟的穿透。对于用户来说，此时其手部就会感到有一个像真的硬物体似的障碍物的存在，从而产生与硬物体接触的幻觉。如果采用更先进的算法，力反馈鼠标不仅能仿真硬的表面，而且能仿真弹簧、液体、纹理和振动等。

力反馈鼠标是最简单的力反馈设备，它只有两个自由度，且功能有限，因而限制了它的普及与推广应用。

（3）力反馈操纵手臂

为了仿真物体重量、惯性和与刚性墙的接触，需要在用户的手腕上施加相应的力反馈。早期的力反馈主要集中在使用原来为遥控机器人控制设计的大型操纵手臂上，利用回路经过主计算机闭合控制，并通过计算虚拟交互力，来驱动反馈驱动器给用户手腕施加真实力。

力反馈操纵手臂可以方便地安装在桌面上，且能够提供 6 个自由度的触摸与力反馈，同时还可以作为一种位置输入工具，产生多种力量感知，如直接作用力、脉冲、颤动等。其最大的缺点就是复杂、价格高、不够轻便，在特殊的用户姿态下难以操作。

（4）力反馈操纵器

①Rutgers 轻便操纵器

Rutgers 轻便操纵器是一种改进型传感手套的轻便操纵器。Rutgers 轻便操纵器的反馈结构为：将 4 个气动的微型气缸安装在手套上的小型 L 形平台上，且由于使用直接驱动的执行机构，因而不必再使用电缆和滑轮，这样就减轻了反馈结构的重量（仅仅 45～60g）；每个气缸与球形关节同轴安装，可以经球形关节直接连到气管；每个执行机构都有圆锥形的工作区，允许手指的弯曲、外展或内收；执行机构通过尼龙搭扣带子固定在支撑手套上，允许根据用户手的大小进行相应的调节。

为了实现仿真效果，Rutgers 轻便操纵器通常都安装在 Data Glove 的手掌上，为原来开环的手套提供了反馈。而其控制回路使用 Data Glove 的位置数据来驱动虚拟手。当虚拟手抓取虚拟物体时，用户可以在手指上感到力。这些力的大小与物体的变形程度及其建模的弹性有关。

②LRP 操纵器

LRP 手操纵器又称 LRP 手操纵器，是一种比 Rutgers 轻便操纵器有更多自由度的轻便操纵器，如图 2-15 所示。

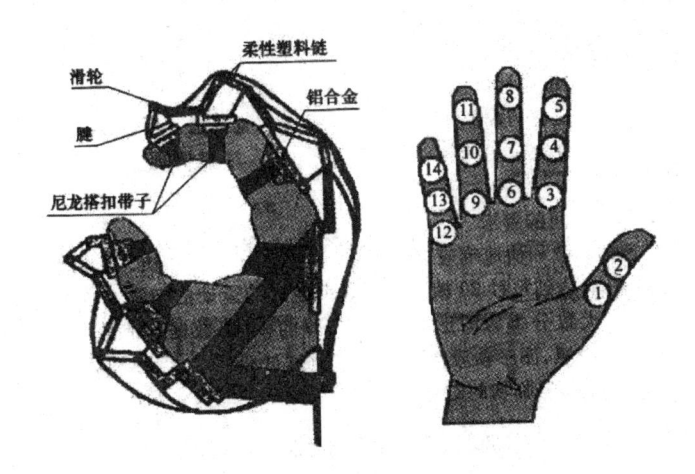

图 2-15 LRP 操纵器

LRP 手操纵器能够提供力反馈给手的 14 个部位。由于其灵巧的机械链接设计，对于多数抓取动作，反馈力通常加于手指的局部。其控制是经过微型电缆来实现的，电缆的运动则由安装在每个马达轴的电位计测量。通过测量得到的数据可用于估计手的姿势。转动在手背上的电缆，可以帮助手掌区成为自由状态，从而允许戴反馈操纵器时抓取真实物体。

LRP 手操纵器的缺点在于电缆和滑轮之间的摩擦和间隙问题，这使得其控制起来很困难。当将过载限制为 100 N 的微型力传感器安装在手掌的背面时，能够将检测电缆拉紧，使反馈力的控制更精确。

（5）力反馈手套

力反馈手套能够独立反馈每个手指上的力，因此常用于完成精细操作。Cyber Grasp 就是力反馈手套的一种，它的主控制器能够将压力转换成模拟电流，模拟电流被放大后发送至位于激励器宿主单元的 5 个电子激励器，再由激励器转矩通过电缆和 Cyber Grasp 的机械外骨架传送到用户的手指。在这里，外骨架所起的作用有如下两点：使用每个手指上的两个凸轮引导电缆；充当机械放大器，增大感觉到的力。

2.4.3 输入设备

2.4.3.1 数据衣

数据衣的基本原理与数据手套类似。它将大量的光纤、电极等传感器安装在一个紧身服上,通过人体发现的信号来检测人的各个部位及关节(如肘关节)的弯曲角度,并通过计算机重建出图像。利用数据衣这一人体直接输入设备,在创建角色投入的虚拟现实时,可以通过计算机清楚地识别出整个身体的各种活动。

下面对两款已经投入使用的数据衣进行介绍。

(1) VPL Data Suit

VPL Data Suit 是 VPL 公司研制开发的一种人体直接输入装置。该数据衣能够对人体大约 50 个不同的关节进行测量,同时还在左右手、头部和衣服的背部各安装了一个磁跟踪器。数据衣对在复杂的环境中传送非口头的通信和控制命令具有非常大的帮助,能够将受测者身体不同部分的运动传送到不同的设备中。

由于数据衣的价格昂贵、程序复杂且过于笨重,因此并没有被大量生产。目前,VPL 公司正投入资金对其进行深入研究。

当然,VPL Data Suit 也承担了少量的商用任务,如帮助动画制作人去"认识"人类的运动规律,从而创造出能够进行人类运动的各种动画角色。

(2) Waldo

Waldo 是美国加利福尼亚的一家公司研制的一种先进系统,该系统用了几种类型的传感器去跟踪用户的不同面部肌肉和下巴的运动,让用户能够用自己的面部运动去控制电视或游戏节目中的动画角色的面部表情。目前该公司只接受订单,根据顾客的特殊需要来进行设计制作。

2.4.3.2 三维扫描仪

三维扫描仪又称三维数字化仪或三维模型数字化仪,是一种较为先进的三维模型建立设备,也是当前使用的对实际物体三维建模的重要工具,能快速方便地通过扫描真实模型的外观特征,将真实世界物体的立体及色彩信息构造成该物体对应的计算机模型。目前,常用的三维扫描仪可分为激光式、光学式和机械式三种类型。其中,三维激光扫描仪应用最为广泛。

可以说,三维扫描仪克服了传统测量技术的局限性,能够采用非接触主动测量方式对任意物体进行扫描,并能够将所获取的三维数据存储到计算机中。三维扫描仪具有扫描速度快、实时性强、精度高、主动性强及全数字化等特点,可以极大地降低成本,节约时间,而且使用方便,其输出格式还可直接导入软件工具中。

三维扫描仪特别适合对一些不规则的物体进行三维建模,如人体器官和骨骼模型的建立、出土文物模型的建立等。可以说,其在医疗、文物保护、模具制造、珠宝设计、快速制造、特技制作等虚拟现实应用领域中具有十分广阔的应用前景。

第 3 章 虚拟现实的关键技术

虚拟现实设备可以为用户提供一个完全虚拟却又十分逼真的情境,如果再配合动作传感器,就能够从视觉、听觉以及触觉上为用户营造一个让人完全沉浸的空间,让用户的大脑感觉到自己就处在这样的世界里。虚拟现实技术体系包括建模、呈现、感知、交互以及应用开发等方面。其中,建模技术是对环境对象和内容的机器语言抽象,包括几何建模、地形建模、物理建模、行为建模等;呈现技术是对用户的视觉、听觉、嗅觉、触觉等感官的表现,包括三维显示(视差、光场、全息)三维音效、图像渲染、AR 无缝融合等;感知技术是对环境和自身数据的采集和获取,包括眼部、头部、肢体动作捕捉,位置定位等;交互技术是用户与虚拟环境中对象的互操作,包括触觉力反馈、语音识别、体感交互技术等。本章主要对虚拟现实的三维环境建模技术、立体显示技术、三维虚拟声音技术、人机自然交互技术等加以详述。

3.1 三维环境建模技术

三维环境建模是虚拟现实系统建立的基础,其主要任务是建立输入输出设备到仿真场景的映射,即开发虚拟环境的对象数据库。三维环境建模包括几何建模、物理建模、运动建模和行为建模等。

3.1.1 几何建模

三种常见的基于几何(曲面)的图形表示方法是多边形、NURBS 和 CSG。多边形方法也许是最简单的,它可以用来表示另外两种方法所描述的形状,尽管会丢失一些信息。

如何表示一个场景的几何形状取决于对象的来源和渲染需要。在渲染方面,光栅化可以很好地处理多边形,而光线跟踪可以很容易地处理简单的造型和图形块(当需要维护对整个场景的访问时,这样可以减轻一些内存消耗问题)。在数据源方面,许多建模包提供了设计造型的接口,可以用简单几何图形组合为光滑的曲面。

多边形是由一系列线段定义的平面形状。任意数量的线段都可以用来勾勒多边形的轮廓,尽管为了提高效率,它们通常被分成三边形状(三角形)或四边形状(四边形)。许多用于加速多边形渲染的算法已经集成到硬件几何引擎中,因此硬件图形渲染系统几乎完全使用多边形方法。

NURBS 是参数化定义的形状,可以用于描述曲面物体,如汽车。

CSG 对象是通过对基本的三维体素(如球体、圆柱体、立方体、平行六面体等)进行布尔加减法创建的。例如,一个桌子可以通过添加 5 个平行六面体来创建,4 个作为桌腿,1 个作为桌面。桌子的设计可以通过用平行六面体减去一个圆环而变得更美观。再如,一个高尔夫球上面有数百个凹槽,可以很容易地用 CSG 来完成,但可能需要数百万个三角形才能看起来比较逼真。

3.1.2 映射建模

纹理映射是一种从点到点改变表面属性的方法,以给出表面细节的外观,而不是实际出现在表面的几何形状。光线从凹凸不平的表面反射的方向在视觉上揭示了表面的纹理,或者表面的凹凸不平。通过改变光线从表面反射的方式,可以使表面看起来凹凸不平。凹凸贴图实际上映射了一组用来影响光线如何从表面反射的数值,所以用表面和光线之间的角度来确定反射颜色的渲染技术将导致表面看起来"凹凸不平"。

一个单一的多边形看起来可能包含许多详细的特征,如有着粗糙纹理的砖墙。因为根据定义,一个多边形是平的,这个粗糙的外观当然是假的,表面实际上是不变的,是通过轮廓、阴影和立体视觉显露出来。对于大多数情况,这是一个可以接受的折中,特别是对于较小或不那么重要的对象。一个更高级的形式的表面扰动映射实际上是调整表面法线的方向。当一个对象的多边形数量减少时,通常会生成这些贴图,表面细节是很重要的。

纹理可以映射到由许多单独多边形组成的复合形状,每个多边形都是整体纹理的一部分。例如，树干可以被建模为一个由几个平面多边形组成的基本圆柱体，但是通过在它周围包裹类似树皮的纹理，使它看起来更真实，现代可编程图形处理器（graphics processing unit, GPU）的纹理可以是任何东西，可以是一维、二维或三维的。它们可以由任何物理性质、非物理性质，甚至是想象性质形成。现代着色器可以自由使用任何数据，并以任何方式改变渲染。在动态过程中，可以使用诸如压力、张力或静电势等物理量来影响多边形在每个像素处的形状和颜色。双向反射分布函数可以用来建模各向异性表面的外观。本质上，纹理映射是一个巨大的查找表，索引沿着一个多边形的表面变化。因此，除了可以使用纹理映射来添加人造细节，还可以使用纹理映射来向多边形添加科学表示。

有专门的纹理贴图技术可用来克服光照计算所带来的开销，同时隐藏纸板切割外观。这些技巧包括烘焙光照、旋转纹理（公告板）、多视角纹理、立体纹理和动画纹理。后三种方法都基于使用多个位图，这些位图随观看者的方向、位置和时间的变化而变化。

烘焙光照是另一种使用纹理映射以最小的计算成本（至少在运行时成本）丰富场景的技术。事实上，在运行时计算和预先生成图像纹理（烘焙）的时间之间是需要权衡的。与多边形渲染相比，虚拟世界中的光照计算需要巨大的成本。对于每个渲染的多边形，场景中的所有灯光都必须被考虑进去，以获得所有像素的最终颜色。因此，大多数交互式（甚至是非交互式的）图形渲染都努力减少场景中的灯光数量，或者至少减少影响场景中可移动物体的灯光数量。

基于图像的渲染（image-based rendering, IBR）是使用图像来改进场景渲染时间和复杂度的总称。IBR 的主要特点是使用捕获的或之前渲染的图像，通过避免或减少渲染场景的几何复杂度来减少渲染图像的时间。符合观察参数的图像材料越多，需要的几何表示就越少。因此，拥有一个场景的许多图像，从多个有利位置和在多个光照条件下，减少了所需的几何渲染工作。IBR 需要大量的前期努力来捕捉和存储世界。另一种 IBR 技术是利用之前渲染的场景图像并在每个像素上使用深度值，基于新的观察参数对之前的图像进行校准，使用标准的几何渲染来填充所有空白。

多通道渲染利用纹理贴图内存，通过添加计算阴影、镜面反射、产生镜头效果、执行反锯齿、创建艺术渲染，如卡通或铅笔草图，以及其他功能来提高渲染质量。例如，阴影计算是从光照的角度渲染场景，将渲染结果保存到纹理内存中，然后在摄像机的渲染通道上，使用阴影纹理使光源不可见的区域变暗。或者，渲染通道可用于以高于显示器的分辨率进行渲染，然后在最终的相机渲染时将其处理为反锯齿视图。同样，初始的摄像机渲染可以根据镜头效果进行扭曲，或者执行即将在后面章节中描述的区域定向渲染。

公告板是一种对对称对象有用的技术。从远处观察复杂的物体，如树，当用部分透明的纹理贴图渲染成一个平面多边形时看起来非常真实（用树的裁剪照片进行贴图）。然而，当观察者接近这样的树时，可以明显发现这棵树是放置在 3D 世界中的平面 2D 对象。减少此类对象的平面性的一个简单技巧是旋转平坦的多边形，使其始终面向观众，这种技术称为公告板技术。

这些旋转的公告板使物体看起来是对称的（也就是说，从各个方向看都一样）。这种技术的局限性包括：要求物体存在（接近）对称的轴，并且观众只能注视与该对称轴正交的物体。

这个旋转技术可以扩展到多视角纹理。当从不同角度观看时，不仅多边形旋转到面向观众，而且映射到多边形上的图像的选择也发生了变化。使用多视角纹理映射是渲染物理对象的理想方法，这些对象具有一些难以用实时渲染技术生成的特征。

立体纹理对近距离观察物体是很有用的，因为这些物体太过精细以至于无法完全渲染成无数的单独多边形。在立体视觉显示中，立体视觉通常会告诉用户一个法线的、单位图纹理的多边形是一个平面，而不管多边形的详细外观如何。立体图像有一个最佳的观看位置，使图像看起来最好，立体纹理也是如此。因此，当用户只能从靠近最佳点的位置看到纹理时，或者当此技术可以与旋转纹理技术结合，从而可以根据视图的方向选择不同的立体纹理时，使用立体纹理效果最好。

动画纹理贴图适用于随时间快速变化的对象。像火或瀑布这样的自然过程，当它们看起来是流动的时候，会显得更真实。

3.1.3 物理建模

物理建模是虚拟现实系统中比较高层次的建模，它需要物理学与计算机图形学相配合。物理建模是对三维对象的物理特性，包括重量、惯性、表面硬度、柔软度和变形模式等特征进行建模。这些特征与几何建模及行为规则结合起来，形成更真实的虚拟物理模型。物理建模的主要工作包括碰撞检测、受力计算、力平滑、力映射和触觉纹理等。

体素渲染以及粒子和点的渲染就是典型的物理建模方法。体素渲染非常适合渲染半透明的物体，并且经常被用作数据集的可视化工具，通过将材质的三维体素映射为密度和颜色值，使得观察者能够识别不透明材料内部图案的形状和颜色。体素渲染通常使用光线追踪（或光线投射）技术完成。光线追踪和光线投射技术的原理是从相机视图定义光线，光线的行为符合与光和光学有关的物理定律。具体地说，在光线追踪中，考虑到模拟材料的模拟性质，光线在经过已定义的虚拟物体表面反射和折射时发生改变。

基于粒子和点的渲染常用于渲染视觉场景中复杂的流。顾名思义，随着时间的推移，许多小粒子被渲染，产生的视觉特征揭示了一个更大现象的过程。燃烧过程如火焰、爆炸和烟雾非常适合粒子渲染技术，液体和气体流动也是如此。

类似于粒子渲染的是点云渲染。点云具有粒子的共同特征，因为它们都是单个数据点的集合，通过这些数据点的巨大数量的聚集来揭示其结构。两者之间的主要区别是点云在本质上趋向于静态，但也包含了大量的要渲染的点。点云通常是由激光雷达扫描仪生成的，一个激光雷达扫描可以产生数十亿个点。当一起观看这些点时，一个场景可以呈现出照片一样的效果。

3.1.4 行为建模

在大规模虚拟现实系统中，用户不可能与虚拟现实环境中的所有对象进行交互，存在大量不依赖用户交互动作的对象，如运动的虚拟人群、动物等。这些虚拟对象在一定程度上与用户的动作无关，具有一定的智能。行为建模就是对三维对象创建物理属性和动作反应能力，即赋予被建模对象一定的行为能力和智能，并让其服从一定的客观规律。

例如，在创建一个虚拟人物后，该人物不仅应该具有人的外观特征，还能够感知周围环境，具备人的情绪、行为和动作能力。该虚拟人物具有在虚拟环境中行走奔跑等行为能力，其行为特征应受该虚拟环境物理规则的限制。

3.2 立体显示技术

3.2.1 沉浸显示基本原理

沉浸显示的基本原理是：通过结合图形计算、光学和传感显示技术，模拟人眼观察现实世界时的效果，使得人们在观察由计算机生成的虚拟世界时，能产生身临其境的沉浸感。沉浸显示技术主要是通过模拟人眼的立体视差、运动视差、视野范围来提供基本的视觉沉浸感，此外还可进一步通过模拟人眼聚焦等方法来增强视觉沉浸效果。

3.2.1.1 立体视差

立体视差是人眼实现三维立体视觉感知的重要因素。人眼在观察现实世界时，现实世界的光线在景物间产生反射折射等现象，最终形成的光线投射到眼底视网膜上成像，视神经将信号传输到大脑皮层的视觉处理区域，从而获得对景物的视觉感知。由于人的左右眼位置不同，景物在左右眼的视网膜上所投射的像也会有所不同。例如，我们在眼前举起食指，并交替地先闭上左眼，用右眼观察，然后闭上右眼，用左眼观察，会发现食指和远处背景的相对位置，从左右眼看来会明显不同，这就是双目立体视差，由此产生不同深度的感觉，如图 3-1 所示。

在沉浸显示技术中，通过计算机图形图像技术来生成不同的画面，并通过立体显示技术，分别在左右眼前同步展示，从而模拟人眼立体视差效果，带来立体深度的感觉。

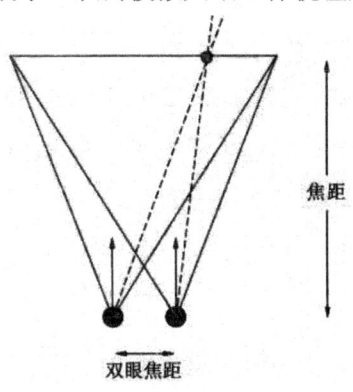

图 3-1 立体视差示意图

由于人眼距离屏幕很近,可通过直接给左右眼分屏来实现立体显示,通过左右眼的眼罩来保证左眼只看到左边屏幕画面,右眼只看到右边屏幕画面。

在立体投影显示系统中,由于人眼距离屏幕较远,双眼能同时看到同一投影屏幕区域,需要借助立体眼镜等设备来分离同一屏幕上的左右眼画面。立体眼镜按原理的不同可以分为被动式立体眼镜和主动式立体眼镜两种。被动式立体眼镜不需要电池,与电影院的立体眼镜类似,一般利用偏振光原理:投影仪所投出的左右眼的画面通过不同的偏振片过滤,观众通过对应的偏振眼镜来观看,保证左眼只看到左眼画面,右眼只看到右眼画面。被动式立体眼镜需要极化投影屏幕的支持,要两个投影仪才能支持左右眼不同画面显示,但眼镜轻便,便于佩戴。主动式立体眼镜需要电池供电,保持与投影仪画面同步,通过对左右眼的快门镜片的快速开合控制,切换双眼所能看到的显示内容,保证左眼只看到左眼画面,右眼只看到右眼画面。其优点是对投影屏幕没有极化要求,并且一个投影仪就可以支持左右眼画面显示。

3.2.1.2 运动视差

运动视差是人眼实现三维立体视觉感知的另一个重要因素。当人在现实场景中左右移动时,所看到的景物会随之发生变化。在沉浸显示中,可通过跟踪头部的位置,来实时更新对应的显示画面,模拟人眼所看的景物的变化。

3.2.1.3 视野范围

人眼视野范围也是获得沉浸感的一个重要因素。人在观察现实场景时,若头部固定、眼球静止不动,双眼立体视差的视野范围在水平方向上可达到120°左右,在垂直方向上可达到135°左右。主流的头戴式显示器,目前可提供水平方向约110°的视野。

当现实世界中人的头部做旋转运动时,可以实现360°视野观察。在沉浸显示中,可通过跟踪人的头部旋转方向,来实时更新对应的显示画面,模拟人眼所看的景物的变化。

3.2.1.4 延迟问题和实时计算

沉浸显示需要在低延迟下完成每帧的计算,否则会导致模拟器晕眩症。对于头戴式显示器,整个系统的延迟是"从运动到光子"的延迟,根据人眼视觉特点,从人的头部运动,到画面显示更新的延迟时间最好在 15 ms 以内,如果超过 20 ms 就会被人感知到,并产生副作用。

目前 VR 显示设备一般要达到每秒 90 帧的显示速率,这就向实时计算提出了挑战。例如,对于 VR 和 AR 眼镜,它们并不能将左右眼的整个图形绘制两遍,应尽量复用其中与视觉无关的计算,如物理模拟和动画、阴影计算等。

对于 VR 和 AR 眼镜,由于光学器件的成像会带来桶形畸变和偏色等问题,根据左右眼的视点计算出图像画面之后,还需要经过畸变校正、色差调整等处理。考虑到实时要求,可将图像当作纹理映射到一个三角形网格上,通过对网格进行畸变处理,实现图像的实时处理。

3.2.1.5 人眼聚焦

传统沉浸显示系统一般只提供一个固定的聚焦平面。在现实世界中,人眼的焦距会根据远近来调节,同时双眼也会根据深度变化而聚焦,这两个过程原本是协调一致的。但固定焦距的沉浸显示会导致人眼无法完成远近的调节,从而造成视觉感知上的冲突,带来不适感,影响沉浸体验。使沉浸显示技术支持人眼焦距变化是一个挑战。

光场显示技术是解决这一问题的一项前沿技术。光场是一个四维函数 $L(u, v, s, t)$,描述了通过前后两个图像平面的光线所构成的场。通过光场的因数分解算法,对人眼变焦范围内所看到的实际光场信息进行分解计算,可以对前后两个图像平面上的像素值进行相应设置,来近似模拟人眼所看到的实际光场,从而支持人眼焦距的变化,这样可解决人眼变焦和立体视觉会聚之间的协调问题,使人得到更好的沉浸感。但目前的光场显示技术还受到显示器分辨率和实时计算量的限制。

3.2.2 视景生成

在虚拟现实系统中,视景生成包括基于计算机图形学和计算机视觉两种方法。计算机图形学和计算机视觉可以理解为相同过程的两个方向。计算机图形学负责将抽象的语义信息转化成图像,计算机视觉则从图像中提取抽象的语义信息。同时,虚拟现实系统普遍使用图形加速技术提升图像生成和渲染的效率。

3.2.2.1 基于计算机图形学的视景生成

基于计算机图形学的虚拟现实视景生成主要包括三维环境开发和视景绘制。

三维环境开发的主要目标是利用计算机技术构建各种各样的基本模型,再将它们在相应的三维虚拟世界中重构,并根据系统需求保存部分物理属性,最终获得一个能够表现真实世界的虚拟现实系统。

视景绘制的主要步骤包括:首先将三维物体转换为二维视图;然后确定视图中所有可见面,根据隐藏面消除算法将用户视域之外或被其他物遮挡的不可见面消去;最后根据光照模型计算可见面投射到用户眼中的光亮度大小和色彩,并将它转换成适合显示设备的颜色值,从而确定投影视图上每一像素的颜色,生成最终图像。其中涉及的关键技术包括消隐技术、细节层次技术、纹理映射技术、景深模拟技术、光照模型技术等。

3.2.2.2 基于计算机视觉的视景生成

基于计算机视觉的视景生成的核心是基于图像的绘制技术。该技术近年来发展得非常迅速,已广泛应用于实景地图导航、虚拟参观等虚拟现实漫游系统。

基于图像的绘制技术可分成无几何信息的绘制和基于部分几何信息的绘制两类。

无几何信息的绘制方法主要基于全光函数,场景内的所有光线构成一个全光函数。基于此,基于图像的绘制技术可以归结为以离散的样本图重构连续的全光函数的过程,即采样、重建和重采样的过程。

基于部分几何信息的绘制同时采用几何及图像作为基本元素绘制画面的技术。根据一定的标准,动态地将部分场景简化为映射到简单几何体上的纹理图像,若简化引起的误差小于给定阈值,就直接利用纹理图像取代原场景几何绘制画面。这种绘制技术可以在一定误差条件下,以较小的代价来快速生成场景画面,同时仍保持正确的前后排序,所生成的图形质量很高。

具体的绘制过程主要包括以下三步:原始图像采集、图像处理和图像合成。原始图像采集是指通过相机获得虚拟现实环境的原始真实素材,图像处理是通过算法对原始图像进行建模和视图变换,图像合成是指将多幅图像拼接为一个场景。

3.2.2.3 图形加速

对虚拟现实应用而言,所需处理的场景复杂度越高,每秒钟所需处理的多边形数量越多，因此图形加速技术显得尤为重要。

目前包括虚拟现实系统在内的计算机及智能终端均通过图形加速卡实现硬件图形加速，减轻 CPU（中央处理器）的处理负荷，提升图形加速的性能。

图形加速卡又称显卡，一般由具备独立图形处理能力的处理器和相应软件构成，专门为图形图像显示而进行优化。图形加速卡能够快速地进行图形计算，大大提升了消隐、纹理映射和光照模型等图形绘制的效率。

图形加速卡具备常用图形图像和视频格式的展示和渲染能力，如照片渲染、视频流解压等，能大大减轻主 CPU 的运算负担。有了图形加速卡，CPU 就从图形处理的任务中解放出来，可以执行其他更多的系统任务，这样可以大大提高虚拟现实系统的整体性能。

3.2.3 立体显示

由于立体视觉以视差为基础，因此立体显示的基础，就是要以人工方式重现视差，简单地说就是想办法让左右两眼分别看到不同的影像，以模拟出立体视觉。

立体视觉的显示技术主要分为裸眼立体成像和基于眼镜立体成像两类，在目前的虚拟现实系统中，主要通过眼镜获得立体视觉的显示效果。基于眼镜的立体成像包括主动式和被动式两类技术。其中，被动式立体眼镜成像技术主要包括色差式和偏振光两类，主动式立体眼镜成像技术包括主动快门式和左右分屏两类。

3.2.3.1 色差式立体成像技术

色差式立体成像技术又称为分色立体成像技术，是用两台不同视角拍摄的影像分别以两种不同的颜色印制在同一幅画面中。用肉眼观看会呈现模糊的重影图像，只有通过对应的红蓝等立体眼镜才可以看到立体效果，也就是对色彩进行红色和蓝色的过滤，红色的影像通过红色镜片，蓝色通过蓝色镜片，两只眼睛看到的不同影像在大脑中重叠，呈现出 3D 立体效果。

3.2.3.2 偏振光立体成像技术

偏振光立体成像技术主要包括拍摄、放映和观看三个环节，采用左右两个相机进行拍摄，形成两组影像。在放映时将左边镜头的影像经过一个横偏振片过滤，得到横偏振光，右边镜头的影像经过一个纵偏振片过滤，得到纵偏振光，将略有差别的两幅图像重叠在银幕上。在观看环节，立体眼镜的左眼和右眼分别装上横偏振片和纵偏振片，横偏振光只能通过横偏振片，纵偏振光只能通过纵偏振片。这样就保证了左边相机拍摄到的东西只能进入左眼，右边相机拍摄到的东西只能进入右眼，形成立体成像。

3.2.3.3 主动快门式立体成像技术

主动快门式立体成像技术又称为时分式立体成像技术。该技术通过对左右镜片分别进行开关控制，让左右眼分别看到左右各自的画面。例如，在放映左画面时，左眼镜打开右眼镜关闭，观众左眼看到左画面，右眼什么都看不到（眼镜片处于黑屏状态）。为保证显示效果，该技术要求画面刷新率较高（至少要达到 120 Hz，左眼和右眼各 60 Hz）。观众的两只眼睛看到快速切换的不同画面，并且在大脑中产生错觉，便观看到立体影像。

3.2.3.4 左右分屏立体成像技术

左右分屏立体成像技术运作的原理比较简单。该技术需要为左右眼形成两路独立的画面，然后在眼镜中为左右眼分别配置的两组小型显示器来单独显示左右眼画面，以达到立体显示的效果。目前，该技术广泛应用于虚拟现实头戴式显示器。

3.3 三维虚拟声音技术

3.3.1 三维虚拟声音的生成方法

声音是以波的形式通过空气（或其他媒介）传播的。声波的频率（声波在单位时间内出现的周期数）决定了声音的音调是高还是低。声波的振幅是声音的另一个重要特征，它决定了声音的响度。渲染声音首先要创建波形，波形可以存储在字节缓冲区中，然后传输一个数字信号到模拟转换器，在模拟转换器中转换的信号将呈现给听众。基本波形可以经过滤波和叠加，产生一个整体波形。

3.4.1.1 声音生成

在理想情况下，虚拟环境的声音将会通过模拟世界的计算自动产生，作为虚拟世界的物理属性，可以包括当物体相互作用时空气（和其他材料）产生的振动。当然，虽然已经取得了很大的进展，但即使是再高端的虚拟现实或设备，处理能力仍然不足以执行所有需要完全物理模拟的任务。

（1）采样

产生声源的一种常见方法是播放录制的物理世界声音样本。录音是通过一个转换器将麦克风的输出从模拟值转换为数字值，并在固定的时间间隔测量电压。采样率和用于编码电压的数字比特数是对声音样本分辨率的度量。电压测量的频率范围从 8 000 Hz（电话质量音频）到 96 000 Hz（高质音频）。CD 音质为 44 100 Hz。每次测量可用的比特数决定了记录信号的动态范围。这个范围通常为 8～48 位。标准立体声 CD 每个通道使用 16 位，产生的数字流由计算机处理，可以存储、编辑或在任何需要的时候作为声音播放。这个过程称为采样，数字的收集称为波形采样和采样阵列。

采样技术类似于使用数字化照片来创建纹理贴图（可视位图）。当需要真实的听觉表示时，它特别有用。添加"纹理"增强了听觉环境，但设计师必须注意避免明显的重复声音，否则听者会感到无聊或烦恼，因为听者可以很容易地感知到声音重复（就像视觉纹理图所引起的模式重复一样）。为避免产生此种情况，可以对多个数字化的声音样本进行修改和组合，以创建更丰富、重复性更少的环境，还可以与其他算法生成的声音相结合。

虽然为虚拟世界中的特定事件录制少量的声音可能是合理的，但试图记录所有可能的事件，特别是微妙的交互差异，是耗时的；而且当它涉及捕捉没有物理存在的物体的声音质量时，是不可能录到声音的。

录制声音样本时要考虑的另一个问题是录音包括录制声音样本的空间元素。因此，除非录音是在一个消声室里录制的，消声室的设计可以消除房间里所有的环境声音和响应，否则录音中至少还有空间元素。包含这些元素的声音（任何自然或人为添加到声音中的响应）被称为"湿声"，没有任何改动的原始环境中性声被认为是"干声"。

（2）合成

合成声音是通过运行程序算法，或由 VR 系统中的其他组件计算波形所产生的声音。这种技术为体验开发人员提供了极大的灵活性，因为可以创建任何声音，但可能需要一个重要的计算机引擎或专门的合成器来实时渲染高度复杂的声音样本。

合成丰富、现实、宽频（即相对纯粹的正弦波音调）的声音是复杂的。声音合成的方法可以分为三个子类：频谱合成、物理模型合成和抽象合成。

①频谱合成

声音合成的频谱方法包括观察声波的频谱（组成声音的每个成分的频率和数量），然后重新创造频谱来模仿原始的声音。我们在现实世界中听到的大多数声音都是宽频的，也就是说它们覆盖了各种各样的频率，因此要实时创建这些声音的整个频谱通常是不可行的。然而，音乐的声音只使用频率的一小部分。因此，许多基于频谱的合成方法可以产生具有音乐品质的声音。频谱合成声音的方法包括正弦波频率调制（根据一种正弦波调制到另一种频率）和叠加合成（将不同频率的正弦波叠加，产生复合声音）。

① 物理模型合成

物理模型合成是通过基于产生声音的物体的物理特性来生成声音。例如，长笛的物理声音模型依赖于计算当空气流经特定尺寸的管道时发生的振动。也就是说，底层的物理现象（空气流动、振动等）被建模，这些计算的结果被直接用于创建相应的真实世界的声音。

有了物理模型，声音就能显得更加真实，与环境融为一体。建模可以是连续的，就像我们的长笛示例中的空气流一样，也可以是离散的事件，如乒乓球拍撞击一个球。给定管子的参数和通过它的气流，就可以模拟一个真实的笛声。给定球拍和球的物理参数（如硬度接触力、接触位置），就能听到一场真实的乒乓球比赛。

如果目标是在体验中增加真实的汽车引擎的声音，那么可能要建模发动机的形状和排气系统，并确定气缸内部快速爆炸时产生的空气压力波，以及其他明显影响所产生声音的因素。当然，在计算成本和渲染效果之间存在一个权衡。如果想要合成的声音更逼真，发动机输入参数也要折中，如油门和负载。

③抽象合成

声音的抽象合成即从一些系统产生的数字流中产生声音，并通过给定的函数将数值映射到声音波形中。这种技术不是用来重建声音的，而是用来创建没有自然模拟的声音。

无论是通过频谱合成、物理模型合成还是抽象合成的声音，都可以通过组合或过滤来产生更有趣的效果。声音组合可以通过脚本或者算法来实现。

3.4.1.2 声音滤波

滤波器广泛应用于音频处理中。一般来说，滤波器是一种降低（或增加）声音中某些频率的振幅的装置或算法。一些比较常见的滤波器类型包括低通滤波器（让低频通过而抑制高频振幅）、高通滤波器（让高频通过而抑制低频）、带通滤波器（允许一定范围的频率通过，同时抑制该频带以上和以下的频率）和梳状滤波器（抑制特定的频率）。各种各样的参数可以描述这些滤波器类型的特征。

滤波器的一些常见应用包括在声波深度线索中使用低通滤波器。例如，为了模拟声音越远，高频就会衰减的效果。声音的这种特性就是为什么当行进的乐队远离时，你会听到低沉的鼓声，而当乐队靠近时，你只会听到较高的频率。因此，对于一个合适的声音深度线索，低通滤波器的阈值随着到声源距离的减小而增大。

在 VR 系统中，使用高通滤波器可能是为了消除地板上脚步的低频隆隆声，因为它可能干扰对系统的语音指令。

这些滤波器可以用来影响声音的特性。例如，滤波器可以用来改变声音的特征，使它听起来更像是通过电话或扩音器发出的声音。很多滤波器都可以用卷积来实现，事实上，卷积已经成为处理声音的一种非常重要的技术。

卷积是一种数学运算，可以应用于波形，以有趣的方式对其进行滤波，如添加混响或使声音听起来来自特定位置。添加混响是卷积在声音处理中的常见应用。虽然从数学的角度看，简单地添加一个延迟的声音副本到它自身上就可以完成一个混响效果，使用脉冲响应可以很容易捕获在一个特定的空间（混响、扩散、散射、吸收）的本质。因此，这些滤波器使声音听起来好像是在一个有不同声学特性的房间里，如音乐厅或教堂。这些脉冲响应是通过在声音发出的地方（如教堂唱诗班的阁楼或管弦乐队的演奏池）播放脉冲声（如枪声或节拍声）并从听众可能在的不同地方记录下来而产生的。另外，也可以使用更复杂的方法，比如扫过一系列的纯音调，通过数学分析产生具有更高信噪比的脉冲响应。无论在哪种情况下，脉冲响应在本质上都是一种数学描述，可以用来改变任何声音图像，仿佛它是在那个空间被听到的。这种技术可用于电影和录音的特效。

脉冲响应还可以用来模拟各种物体甚至音频硬件来改变声音。例如，为了模拟声音沿着一条线从一个罐子传到另一个罐子，可以通过在一个罐子中产生宽频噪声并在另一个罐子中记录下来,然后与这个声音做卷积,产生声音传输的相同效果。

同样的概念也可以用来再现声音的接收是如何被听者的头部和身体改变的。为了使声音看起来来自相对于头部的一个特定位置,脉冲在声源位置产生,然后通过放置在目标用户耳道内的麦克风记录响应。为了处理来自任意方向的声音,从一个采样的极坐标网格中测量一组脉冲响应。任意一个方向的响应可以通过插值获得。给定头部的响应集合称为头相关传递函数(head-related transfer function, HRTF)。HRTF 的脉冲响应最好在消声室中收集,只记录头部和耳朵的影响。

3.4.1.3 声音传播算法

声音一旦产生,振动就会在整个环境中扩散。其中一条路径会将振动直接传到听者的耳朵里(虽然可能只直接传到一个耳朵里,而不是两个耳朵里),其他的路径则会在墙壁和家具上反弹,还有的穿过墙壁,绕过角落。所有这些路径都是一个特定空间如何响应声音的一部分。

对于人类听众来说,声音的折射、扩散和干涉是创造真实声音的重要因素。事实上,声音是如何在听者的身体周围(耳郭、头、肩)传播的,对我们定位声音的来源起着重要的作用。

由室内效应和空间化效应产生的声音传播可以通过对"干声"与相应的脉冲响应进行卷积来实现。这些脉冲响应可以在真实空间中或与真实的人一起测量,或者可以通过算法进行计算。

计算室内声学包括声波在世界中所经历的所有交互作用:表面上的反射(和扩散),遮挡和传播,角落里的衍射,以及距离上的衰减。声音传播的计算可以从数值上或几何上进行。

数值计算方法通常将声音视为一种波,对于波长更接近一个房间或大厅大小的低频声音更实用。然而,数值计算还不够快,还不能达到实时渲染,因此通常用于预先计算一个静态空间的室内声学。数值计算方法通过在数学上求解波动方程来实现,适用于所谓声音的后期反射阶段。

3.3.2 渲染复合声音

有许多有用的听觉渲染技术可以增强声音环境。下面将对频率调制、加/减算法技术、粒子合成、合唱和模态分析等技术进行介绍。此外，通过使用各种过滤技术，声音可以变得更加复杂。在虚拟现实系统中，滤波器经常用于空间化声音，并提供一个房间的声音氛围。总之，一个复合声音环境是由周围声音、界面声音、音响、空间声音等各种元素组合而成的连贯的表示形式。

声音的复合方法是动态的，因此很难开发有效的方法渲染真实的声音，这不仅仅是重新建立一个简单的波动方程的问题。正弦波是频谱声音合成的基本结构，它们是计算机生成声音图像的基本构件，就像视觉领域中观察一个单一的多边形会很无聊一样，单个正弦波会产生一种让听者感到厌烦的声音。声音是瞬时的，所以声音的方程必须随时间而改变。由于耳朵和大脑能够分辨出声音波形的细微变化，所以渲染过程必须以非常快的速度进行。

3.3.2.1 频率调制

FM（频率调制）是一种较为常用的频谱声音合成方法。像正弦波一样，FM 声音也很容易计算。然而，除了正弦波的频率和振幅这两个参数，FM 声音还有其他参数，如载频（主声的频率）、载频/调制器的频率比（或调制频率与载频的差异）和调制指数（频率偏差与调制频率的比率）等。由此产生的声音比简单的正弦波更复杂，在某种程度上更令人满意，但也会在一段时间后由于听者的疲劳而引起听者的痛苦。许多声音都有钟声一样的品质和高频成分，会让听众感到厌烦。

3.3.2.2 加/减算法技术

加/减算法技术是频谱声音创造方法，允许通过组合或减去不同频率的信号来创造声音。由此产生的声音包含了所选频率的丰富组合。加法合成本质上是不同频率和相位偏移（信号位置与时间的差异）的许多正弦波的总和。减法合成是从已经很复杂的声音（如"白噪声"）中过滤出频率。

傅里叶分析是一种数学技术，用来识别组成复杂波形的正弦波分量。这种技术可以分析一个真实的声音，并确定正弦波的频率、振幅和相位。然后，这些正弦波可以被重新合成或重建以模拟原始波形。在重建期间，程序员可以控制这些波如何组合，从而可以在 VR 程序中灵活地改变声音。

3.3.2.3 粒子合成

粒子合成是从声音贴图片段（FM 声音、正弦波和其他声源）中合成复杂的声音，以创建更丰富、更动态的声音。当组合的片段在相位或时间上发生偏移时，原始片段就不一定还能被识别。例如，如果我们有一段一滴水落在岩石上的声音，那么把这个声音多次结合就会产生瀑布声或流水声。

3.3.2.4 合唱

合唱是一种处理现有信号的算法，它可以产生一种音效，提供虚拟世界的听觉线索。合唱将这种声音与在频率和相位上发生变化的声音副本混合在一起，创造出一种音效。

3.3.2.5 模态分析

模态分析就是计算物体的变形模态。从刚体模拟可以看出，从分析得到的值可以作为实时声音模拟的参数。

3.3.2.6 传播与环境效应

从一个声音事件感知的声音有三个不同的组成部分，对应三个渲染阶段：直接从声源到达耳朵（干声）、早期反射、后期反射。

直接路径的实时计算很简单，后期反射的脉冲响应（又名后期混响脉冲响应）可以包装成一个不变的房间脉冲响应（只需要一个卷积滤波器），这样就只有早期反射脉冲响应需要计算。早期脉冲响应会随着空间内声源和侦听器位置的移动而变化。因此，目前对声波渲染的研究主要集中在对早期反射信号的有效实时渲染上。

早期反射的影响，基于声源和听者可能变化的位置，预先计算"源—听者"的脉冲响应，并在运行时使用最近的位置来选择最佳的预计算脉冲响应，通过插值应用于一个声音。通常，脉冲响应网格会在空间中分布，以覆盖可能的"源—听者"位置。为了避免大量的数据，网格可能被限制在发出和听到声音的区域。

3.3.2.7 自适应矩形分解

数值波动方程提供了声音传播的最精确结果,它是一种特别好的计算早期反射脉冲响应的方法,可以用来计算在一个位置发出的"干声"在另一个给定位置的收听者如何听到。

当然,计算任意形状的波动方程并非易事。然而,计算一个矩形空间(实际上是平行六面体)的波动方程是容易的。

3.3.2.8 定位和空间化

用来帮助感知声音发出的方向和距离的基本效果是:
(1)声音的衰减听起来有多大声与它实际有多大声。
(2)双耳声级差——哪只耳朵听到的声音更大。
(3)双耳时差——哪只耳朵先听到声音。

双耳声级差和双耳时差都能提供声音来自哪个方向(仅限于头部的侧面)的线索,哪个优先取决于声音的波长:波长小于头部,则双耳时差优先;波长大于头部,则双耳声级差优先;当波长约为头部大小时,两者都起作用。

因此,提供空间化声音线索的一个简单方法是根据物体相对于头部的左右位置调整音量,然后根据距离声源较远的耳朵对声音添加一个小的延迟,将它与基于距离的衰减因子结合,就得到了一个简单的空间化方案。许多游戏引擎在过去都依赖这种方法。

听者的身体是任何传入声音的滤波器,根据声音如何受到耳郭、头和肩膀的影响,听者甚至可以辨别声音发出的高度。为了产生这种类型的空间化,通常的做法是使用一般的头形和耳形来进行录音,但是测量的形状与实际听者的形状越不相似,这一方法的效率就越低。现在有一些数据库,可用于使听者与数据库中的HRTF进行最佳匹配。随着声音计算和物体形状捕获技术的进步,对听者进行扫描并使用波动方程计算其HRTF的研究正在进行中。

HRTF由许多独立的脉冲响应组成,每一个脉冲响应都是通过在耳道中放置麦克风来测量进入左右耳的声音的,宽频声音(如枪声)在头部周围的方向上偏移(包括不同的高度)。然后,HRTF通过为每只耳朵选择合适的方向的脉冲响应(或者可能由几个近似方向脉冲响应插值)来对声音进行空间化,然后根据该响应对声波波形进行卷积。

空间化的另一个重要因素是声场。如果听者转动他们的头,声音就会跟着移动而不是固定在虚拟世界里,那么错觉就被打破了。声场需要与虚拟世界保持一致。对于简单的空间化方法(平移和衰减),可以使用扬声器近似呈现。为了得到最好的结果,声音需要计算,因为它们应该被每只耳朵直接听到,而不应该出现串音,因此需要耳机以及头部位置跟踪来进行适当的计算。

3.3.2.9 混合效果

在 VR 系统中,许多声源被渲染成一个干的、单声道的声音图像。然后使用卷积和混响等渲染技术从这些来源创建立体声图像。环境声有时是一个例外,开始就是以立体声呈现给听者的双耳的。在现实世界中,声音是在空气中自然混合的。然而,迪士尼阿拉丁虚拟现实体验的开发者发现,不同形式的电子声音图像(单声、固定声场空间化的立体声、基于头部的移动声场空间化的立体声、非空间化立体声)可以直接混合,为参与者创造一个真实和引人入胜的声音体验。

3.4 人机自然交互技术

3.4.1 手势识别

数据手套是一种交互式设备,类似于平时戴在手上的手套,它便于虚拟现实中的精细运动感知和触觉反馈。数据手套可以获得人体手部的运动轨迹,其可作为虚拟现实自然交互的手部输入信号。数据手套支持与虚拟现实中物体的自然交互。例如,戴上数据手套用自然手势抓取一个虚拟的瓶子,甚至可以感觉到手中有瓶子。

在精细运动感知中,使用传感器检测用户手和手指的运动,并将这些运动转换为虚拟手或机器人手可以使用的手部输入信号。可采用不同的传感器技术来捕获手指弯曲的物理数据,如可利用磁性跟踪装置或惯性跟踪装置,以捕获数据手套的全局位置旋转数据,并通过计算机软件算法解析出手势输入。

高端的数据手套还带有触觉反馈能力,用于模拟人体触觉,从而使人感知压力、线性力、扭矩等，甚至可以反馈温度和表面纹理信息，但目前实际使用的数据手套在触觉传感方面效果还不是特别理想，通常只能模拟某个单一特征。

数据衣是穿在人体身上的特殊的衣服，用于支持人体运动感知和触觉反馈，以及自然交互。在躯干和肢体等重要特征点嵌入标记点或者传感器，比如用于光学捕捉的反光材质球，或者用于惯性捕捉的惯性传感器，从而获得人体运动的输入信息。

与数据手套类似，有的数据衣还可以给人体提供触觉反馈。一般是在衣服中嵌入微型马达或者其他触觉或力觉反馈器，通过计算机来控制所产生的触力觉，模拟作用在人体身上的触觉或力觉信号。

3.4.2 动作捕捉

动作捕捉设备可以获得人体动作或者物体运动数据，并且将其作为自然交互的输入信号。常见的动作捕捉设备有两种：一种是光学动作捕捉设备，另一种是惯性动作捕捉设备。

光学动作捕捉设备采用多个光学摄像机作为传感器，通过三维计算机视觉技术，实时跟踪放置在衣服上的红外反光材质球，来获得人体运动重要特征点的三维位置信息，重构人体运动；也可以将红外反光材质球按照一定的形式组合放在物体上，通过实时跟踪这些球来获得物体的运动。

惯性动作捕捉设备采用多个惯性传感器，实时获得方向和加速度，通过算法估算出相对运动位置。这些惯性传感器可以嵌入衣服中或者与物体绑定，以获得人体运动重要关节点的三维方位信息和物体的运动信息。

光学动作捕捉设备的优点是精确度高，缺点是特征点容易被遮挡。惯性动作捕捉设备的优缺点与光学动作捕捉设备相反，其优点是没有遮挡问题，缺点是精确度不高。因此，可以通过融合光学和惯性动作捕捉技术来扬长避短，但其技术实现更复杂。

3.4.3 三维光感应

三维光感应技术一般通过三维结构光等获得三维场景的深度图,并通过软件算法,实时解算出运动,可用于虚拟现实的自然交互输入。例如,微软公司的 Kinect 深度传感器可实时获得场景和人物的三维深度图像,并通过计算机视觉算法解析,支持全身三维运动捕捉和面部识别等功能。深度传感器可以有 RGB(红绿蓝)摄像头,也可以没有。为了支持深度感知,一般采用红外投影仪和红外摄像机。红外投影仪向被感知的场景投射出红外结构光图案,该图案人眼不可见,但红外摄像机会实时拍摄红外投影仪在场景中投射的图案,通过检测这类图案的变化(如投射在近处物体上的图案比较密集,而投射在远处物体上的图案比较稀疏),来实时估算得到场景的深度图像。

在估算得到的深度图像的基础上,通过软件算法将人体骨架模板与深度图像进行实时匹配,从而实现三维实时人体运动跟踪。或通过软件算法将人脸模板与深度图像进行实时匹配,从而实现人脸跟踪。

3.4.4 眼动跟踪

眼动跟踪设备可通过测量眼球运动,感知个体在任何给定时间观看的位置,以及该个体的眼睛从一个位置移动到另一个位置的顺序。跟踪眼球的运动,可以进行基于视觉和显示信息的人机交互。在眼动跟踪交互系统中,眼动跟踪数据可以作为控制信号,无须鼠标或键盘输入就可以直接与界面交互,这对 VR/AR 系统非常有优势。通过眼动跟踪位置对 VR/AR 场景进行有针对性的渲染,可以节省大量的渲染资源,提升 VR/AR 画面的层次。因此,眼动跟踪技术在 VR/AR 领域中具有广阔的应用前景。

最常用的眼动跟踪技术基于瞳孔中心角膜反射,近红外光被导向眼睛的中心(瞳孔),引起瞳孔和角膜之间的可检测光反射。通过红外摄像机跟踪角膜和瞳孔之间的矢量信号得到眼球注视的位置与移动信息,并得到眼球常见的状态,如注视、眼跳和追随运动信息等。

3.4.5 触觉/力觉交互技术

触觉感知包括皮肤和动觉（肌肉和关节）感知。皮肤刺激如温度、压力、滑动、电流、振动、表面纹理等都可以通过触觉显示设备显示。潜在的表面纹理也可以通过末端执行器（机械力）显示的小扰动来呈现。动觉使人们能够确定物体表面形状、表面刚性、表面弹性、物体重量、物体位置和物体移动性等特征。动觉感知信息可以使用带有末端执行器的机械手或机器人形显示器来呈现。

3.4.5.1 振动触觉（皮肤）

使用简单的不平衡电机（即振动马达）就可以很容易地产生振动，就像每个手机上安装的那种。然而，对于更真实的振动，如感觉弓弦不断拉紧而上升的张力，或者雨滴落在手上，都需要某种更复杂的随着时间改变感知的方法。因此，渲染这些更复杂的感觉需要一个可以随时间变化的信号和显示。触控显示器是一种类似于扬声器驱动的电子装置，它可以接收时变信号，从而产生随波形变化的振动。事实上，提供给传感器的信号与声波信号具有相同的特性。为了渲染下雨的感觉，该系统会产生一种波形，模拟雨打到皮肤上或附近的感应器。

同样，对于弓弦的张力，当弓弦被拉动时，张力就建立起来，然后以振动的形式释放出来，这种振动有一种特殊的感觉，这种感觉可以被存储为一种波，并通过触觉传播。与视觉和声音信息一样，这些振动可以捕捉到，或试图通过合成产生，或通过精确的物理模拟产生。与所有的触觉效应一样，一个单一的感知器只会向参与者的特定区域呈现信息。因此，如果感官分布更多，则需要多个感知器。已经尝试过的布局是把它们放在每只手的手背上，或沿着手臂，或放在后背，或放在椅子的座位上，甚至连在地板上。研究发现，如果信号的振幅从一个信号转移到另一个信号，探针可以感知到感知器之间的感觉。

也可以使用力显示来渲染振动。这种技术包括在高频下短距离前后移动末端执行器。这样做的困难在于，在足够精确的运动距离下，电机驱动器可能不能以足够高的频率作出反应。在末端执行器上安装振动触觉调节器可能要容易得多。

3.4.5.2 皮肤压力（皮肤）

两种主要的渲染压力的方法是针阵列和充气囊袋。显然，在每种情况下，显示设备必须与皮肤接触。

（1）基于针阵列的压力渲染

触觉反馈针阵列将小的针以一种模式进出（朝向皮肤并从皮肤上收回），以模拟被抓或被触摸物体的一般表面形状。对于压力显示器，显示器和皮肤之间有一个稳定的关系。针显示器的使用并不局限于指尖。例如，可以在手掌上使用较大的针来提供抓握的感觉，或在背面使用较大的针来提供加速的感觉。

（2）基于囊袋的压力渲染

可以填充/抽空空气或液体的囊袋也可以用来引起皮肤的压力感觉。提高囊袋分辨率的技术还没有出现，所以囊袋更有可能用于渲染感知，如手是否握住或推一个对象（囊袋在手掌或手指）。

3.4.5.3 表面纹理（皮肤）

与皮肤压力渲染一样，表面纹理也可以使用不同的技术进行渲染。针阵列是一种可能的技术，另一种可能的技术是使用摩擦可控的材料，或者对用户持有的末端执行器进行阻尼控制。

（1）基于针阵列的纹理渲染

触觉反馈阵列显示器渲染触觉信息，通过手指在针阵列上移动来再现纹理感知。针的运动是根据手指的运动而变化的，以便给人一种摩擦表面的感觉去感知纹理。有一种渲染方法是使用放置在平面上的针阵列，随着手指在显示器上移动而上升和下降。另一种方法是将针阵列固定在圆筒上。在这种情况下，针阵列随着圆筒的旋转而上升和下降。

（2）基于摩擦的纹理渲染

感知表面纹理的一个组成部分来自手指移动时所感受到的摩擦力。使用可以改变摩擦力的材料提供了一种方法，通过跟踪手指的运动来渲染表面纹理，然后在手指穿过表面时引起间歇性的摩擦。表面纹理可以以一种类似于视觉"凹凸贴图"的方式存储，也许同样的贴图可以同时在视觉和皮肤上应用

（3）基于运动阻尼的纹理渲染

与摩擦显示类似，渲染表面纹理还有一种方法是通过显示引起一种移动摩擦，这种显示可以停止用户的实际移动。在这种情况下，用户手持带有末端执行器的力反馈显示器（即操纵器），可以在虚拟表面上间歇性地"刹车"，从而为该表面的粗糙程度提供线索。在这种情况下，也可以传达物体的整体形状。例如，当触控笔以某种方式移动来限定对象时，虚拟的橙色会感觉既是球形的，又是凹凸不平的。

3.4.5.4 热渲染（皮肤）

渲染温度比较简单，如指尖 Peltier 传感器是一种用于提供虚拟物体冷热感觉的设备。当然，当指尖受热或极冷时，安全是一个问题。环境空气温度也可以通过激活热灯或其他温度控制装置来控制。

3.4.5.5 环境（4D）效应（皮肤）

许多环境效应以二元形式运作——刺激是否呈现出来了，一种特殊的气味是否被释放出来了，加热灯是否打开了。有一些方法可以减弱某些效应，如在灯泡上使用调光器。但不是所有的设备都能够通过计算机控制减弱，除了白炽灯光源，不能使用可变电压来减弱。通常情况下，为了实现不同级别的效果，需要使用多个"显示"，而激活显示的数量提供了变化。

在渲染系统中，模拟必须决定何时、多少以及哪些设备需要激活。例如，使用多个风扇，模拟确定风是从哪个方向吹来的，并激活相应的风扇。对于短期体验来说，模拟太阳可以很容易——相对于时间参考系它不会移动太多，而且如果用户不需要相对于现实世界进行旋转，那么只需要一个头顶上的热源。

因此，将激活信号集成到模拟中就相当于在虚拟世界中添加激活区，这样当用户接近悬崖边缘时，风就会吹到悬崖表面，风扇"显示"就会被激活；当在房间靠近壁炉的某个区域时，加热灯被激活并释放出烟味。稍微复杂一点的是，可以使用一个跟随用户的代理对象来查看该对象何时处于阴影中，何时不在阴影中，何时需要激活热灯等。

3.4.5.6 力觉渲染（动觉）

形状通常使用动觉显示技术来渲染，如力显示。用户通过感知到无法穿透表面来"感觉"物体的存在，如通过相关的操纵器阻止所握住的末端执行器朝特定方向移动。其他的特性，如物体的弹性和表面纹理，可以与表面一起渲染。

在 VR 体验中，力界面的主要形式是在与物体接触的单点上。力显示器提供对指尖或手持式笔尖的刺激，但不提供扭矩（旋转）信息。这种类型的显示通常由基本的末端执行器提供。

转矩的单点接触（6-DoF 输出）有时需要感受到扭矩和平动力。当扭矩渲染需要感受两个分子之间的所有力时，阻力设计是其中一种惯用手段。在单点上使用 3D 运动和 3D 扭矩渲染这些复杂的交互作用需要一个 6-DoF 的力输出。这种情况通常在力显示中需要一组更复杂的连杆。

实际上，触觉交互的计算机模拟就像其他渲染系统一样，只能提供有限的细节，因此需要简化计算机表示。从根本上来说，只有表示足够简单，才能达到实时渲染。但简单的同时也要包含足够的信息，能够满足应用程序的感官反馈。对于需要控制一个大约 1 000 Hz 的机器人的力显示来说，这一要求尤为重要。以这种速度模拟整个世界是理想的，但这通常是不可能的，因此需要采用一种中间表示。类似于计算机图形学的操作，多边形被用作高级描述（如"链"的概念）和单个颜色像素级别的最终描述之间的一个中间步骤。类似地，一个中间力（或其他触觉）表示可能包括对探针和少量附近表面之间的力的描述，然后渲染系统将其转换成信号，可以迅速发送到力显示。

有几种方法可以简化从世界模拟中传递要渲染到力显示的"图像"所需的信息量。高级的渲染 API（应用程序接口）可以对应用程序程序员隐藏这些简化，如弹簧和阻尼器模型、点与平面模型、多平面模型、点对点模型和多弹簧模型等。

下面将对每个模型进行简要的解释：

（1）弹簧和阻尼器模型

弹簧和阻尼器模型允许系统在虚拟世界中控制探头和表面之间的方向、张力和阻尼。物理阻尼器的组成是气缸中的活塞，在气缸的末端有一个小孔。当活塞在气缸内前后移动时，它通过小孔将空气推入和推出。阻尼器的作用类似于汽车的减震器，是一种黏性阻尼装置。因此，在虚拟世界中，可以使用描述弹簧和阻尼器在物理世界中如何相互作用的方程来近似地描述一些物理交互作用。

（2）点与平面和多平面模型

点平面模型通过放置一个与探针尖端（最近表面）相切的虚拟平面来表示探针与表面之间的相互作用。当探针跟踪表面形状时，平面沿表面的切线运动来模拟虚拟物体的形状。然而，使用这个模型很难模拟物体的角落和在高黏性流体中的运动。

多平面模型是点与平面模型的扩展。随着虚拟平面、曲面的增加，该模型提供了一种简化的虚拟世界中不连续角的绘制方法。当探针移动到一个角落时，可添加额外的平面来表示被描绘的形状的复杂性。

（3）点对点模型

点对点模型使用一个基本的弹簧模型，该模型由描述弹簧在两点之间被拉伸和压缩时的力的方程组成。点对点通常不用作一般模型，而是作为一个过渡模型，在复杂计算产生的高度波动力中维持稳定。对于可能提供广泛分散的力（可能过于剧烈而无法精确渲染）的模拟，可以模拟弹簧在模拟探针点和物理探针尖端之间活动。打个比方，如果你紧紧抓住一根松紧带的一端，另一端被一个人以一种非常不稳定的方式拉着，你只会感受到另一端的不稳定运动。

（4）多弹簧模型

多弹簧模型提供了扭矩渲染的方法。如果仅在一点发生接触，则无法模拟扭矩旋转。通过将多个弹簧按一定模式排列在显示器的尖端，可以在尖端的每一边改变力，从而产生旋转模拟。当然，一个力显示必须能够有效地渲染这个模型的扭矩。

3.4.5.7 使用机器人形显示渲染形状（动觉）

物体表面也可以使用机器人形显示来渲染。将一个具有适当边缘或表面角度的物理表面放置在用户的手指或手指代理（通常是一支笔）的前面，用于模拟虚拟对象，当用户移动探针时，显示的表面将被定位并移动到与虚拟世界相匹配的位置。

一些特定的对象也可以通过专门的机器人形显示器来渲染，这些机器人形显示器配备了用于代表在虚拟世界中遇到的对象的样件。同样，在用户的手指或手写笔到达该位置之前，机器人将实际的物体放置在适当的位置，从而实现这些显示。例如，机器人可以将一个实际的拨动开关放置在虚拟世界中，表示虚拟开关的位置。

3.4.5.8 惯性和抗力效应（动觉）

惯性和抗力效应的模型在显示器上增加了摩擦和黏性（包括阻力）和动量（惯性力）的特性。摩擦力是由表面（如笔尖与物体）之间的摩擦所产生的阻力；黏性是流体（如水、空气）中运动的阻力，不一定是在表面上。对象表面构成一个形状，但当触摸到它时，我们也会感受到平滑度、顺从性（它如何与我们的手保持一致）和摩擦力等特征。这些特征是正交的。例如，一个光滑的表面因为组成它的材料不同会有不同的感觉。抛光大理石摸起来很光滑，表面摩擦小，因此与橡胶等高摩擦、柔顺材料制成的表面有着不同的触感。当用户接触到一个大质量的物体时，用户会感受到阻力，无法让它减速或移动。

3.4.5.9 错误纠正（运动）

错误纠正是在当触觉显示器违反了虚拟世界的规律时开始发挥作用。之所以会出现这种情况，是因为仿真的帧速率比触觉显示的帧速率和用户的速度都要慢得多，这使得它们能够穿透一个不可拉伸的表面。发生这样的错误是很常见的。错误纠正模型可以用于调和这些差异。一个强大的方向力会把用户拉到离地面最近的点上。通常，可视化代理将表示活动点，就像已经在外部表面上一样。

3.4.5.10 物理对象渲染（皮肤和动觉）

另一种选择是"用塑料渲染"。这是一种直观的技术，虽然不可改变，但它实际上创建了一个虚拟对象的物理模型，把它带入现实世界，使它可以拿在手中，直接体验。3D打印技术有很多，其中立体光刻是最早的技术。该技术不提供交互反馈，但可以作为一种手段，提供定制的被动触觉对象。

3.4.6 语音交互

语音交互是人类与计算机之间最自然的交互方式之一。计算机首先采集人类的语音，然后通过人工智能算法对语音进行识别和理解，最后作出相应的反应。

通过语音交互，人类不但可以下达指令，而且可以实现大部分与其他人机交互方式一样的功能。随着语音交互技术及人工智能技术的发展，语音交互将在未来的人机交互中发挥越来越大的作用。语音交互的最大优点就是充分释放了人的手和眼的交互，在汽车驾驶等方面有很大优势。完整的语音交互系统包括语音信号处理、声学模型、语言模型、解码器及语音输出等多个部分。

3.4.7 嗅觉及其他感觉交互技术

嗅觉交互现在处于实验室研究阶段。嗅觉交互的原理如下：通过气味发生器可以产生各种气味，通过机械装置控制气味的扩散和传播，通过气味感知器获取当前空气中气味的浓度和种类，通过人机交互接口对气味发生器进行控制，通过气味感知系统实现对计算机的控制。

3.5 虚实场景融合

虚实场景融合是 AR 和 MR 技术中的关键。为实现虚拟物体和真实场景之间的融合，应主要解决两者之间的几何一致性、遮挡一致性、光照一致性问题。

3.5.1 几何一致性

几何一致性意味着虚拟物体和真实物体看起来处于同一个现实空间，在几何位置上呈现的效果一致。比如将一个虚拟的杯子放在一张真实的桌子上，从各个方向观察，都要求能正常地确定杯子在桌上的位置。

几何一致性一般是通过实时跟踪三维物体或者摄像机的三维方位来实现。可通过计算机视觉方法，根据场景中的特征点来反算出摄像机相对场景的方位，基于此结果，按照指定的位置算出虚拟物体应该呈现的图形效果，从而在几何空间上与真实场景保持方向与位置一致。

例如，可用 SLAM 算法来反算出摄像机方位。利用 SLAM 算法可以从场景的传感器图像中提取特征点，并估算其粗略的三维地图，同时跟踪摄像机的方位。在机器人映射和导航中，SLAM 算法在构建或更新未知环境的地图的同时，还能实现位置跟踪及计算。

3.5.2 遮挡一致性

遮挡一致性问题主要涉及虚拟物体和真实场景的正确遮挡关系。比如用真实的手握住一个虚拟的杯子，此时拇指可能在虚拟杯子的前面，部分遮挡虚拟杯子的图形，而虚拟杯子则可能遮挡其他手指。通常需要通过计算机视觉方法，实时提取出真实场景中的景物深度，然后根据深度来确定虚拟图形的先后遮挡关系。

3.5.3 光照一致性

光照一致性主要影响虚拟物体和真实场景的光照效果。一般需要估算出真实场景的光照方向和分布情况，然后利用估算的光照结果来绘制虚拟物体，生成与真实环境相一致的明暗度和阴影。

真实场景的光照条件可能很复杂而难以计算，在AR的实际应用中，一般可对AR场景的光照进行简化，只考虑较远的光源带来的局部光照效果，而不考虑场景物体之间反射光线相互作用下的全局光照效果。为了估算出光照参数，可以在场景中放置光照探测器。光照探测器可以是被动探测物，比如一个反光球，通过摄像机拍摄该反光球的图像，来得到环境光照数据。光照探测器也可以是主动探测物。例如，可以直接用一个鱼眼摄像机来拍摄得到环境光照数据。光照探测器采集到的环境光照数据可以作为环境贴图，应用在虚拟物体的光照计算中，从而获得与真实场景接近的明暗度和阴影效果。

在AR应用中放置光照探测器比较麻烦，可以通过单张图片和视频帧来大致恢复出场景光照信息，利用对场景光照、几何和材质方面的一些假设条件来简化计算。比如假设场景材质具有镜面反射条件或者漫反射条件，分别推算出光源的方向和强度，或通过检测真实场景中的阴影来推算光照条件。

第4章 职业教育发展概述

教育，顾名思义是教学和育人的结合，是社会统治阶级为实现一定的育人目标，制定相应的教学计划，对受教育者的心智发展进行教化培育，帮助其形成一种相对完善或理性的自我思维意识的过程。

职业教育是技术职业教育与培训的简称。职业教育一词在不同的语言中有着不同的语义，如在德语国家中，"职业教育"是一个综合性词汇，包含通过各种学习途径（包括非正式的自学）进行的，以实现某种已承认的职业行为为目标的传授技能和知识的行为。

4.1 职业教育的发展历程

中国职业教育最早可以追溯到春秋战国时期的墨家思想，墨子以"农与工肆之人"为教育对象，创办了亦工亦读的私学，教育弟子学会并掌握一定的生产技术和技巧，开辟了中国职业教育的先河。清末，洋务运动揭开了实业教育的序幕，"经世致用，实业救国"的职业教育思想开始萌芽，重视工业科技知识的实业教育和军事教育开始发展。1911年，中华民国成立，陆费逵在《世界教育状况序言》中提出了"国民生计之赢拙，恃职业教育"的看法，职业教育思想正式在中国出现，并开始了自己漫长的发展道路。至中华人民共和国成立时，中国职业教育已度过了萌芽时期，进入了一个崭新的发展阶段。职业教育在中华人民共和国成立后70余年的发展可大致分为探索时期、改革时期和创新时期。

4.1.1 探索时期

从中华人民共和国成立到改革开放,这一时期是职业教育的探索时期。中华人民共和国成立初期,百废待兴,教育事业迫切需要改革和发展,职业教育也不例外。这一时期,新生的中央人民政府首先祛除了原有旧教育体系中的实业教育,改为技术教育,并将其纳入新中国教育体系中,然后依据国家的实际情况,建立健全了职业学校发展的各项制度。这一时期职业教育的主要目的是为社会主义建设培养所需人才,并提倡大力发展面向大众的中等职业教育。

该时期我国颁布了大量的政策来规范职业教育的发展,建立了职业教育制度。1954年,《关于改进中等专业教育的决定》和《中等专业学校章程》的颁布,将技术学校与中等专业学校统称为中等专业学校。与此同时,技工学校也在劳动部门的指导下得以发展,中专、技校教育制度初步形成。1958年,《关于教育工作的指示》颁发,其中提出了"两条腿走路"的办学方针,推动了农业中学的陆续创办。1963年颁布的《中小学教育和职业教育七年(1964—1970年)规划要点(初步草案)》,要求在城市举办各种类型的职业学校。至此,中国的中等职业教育制度已基本完善。

在中等职业教育制度完善的同时,职业教育的管理和运行机制也在不断发展。1952年颁布的《关于整顿和发展中等技术教育的指示》中提出,组成各级中等技术教育委员会,负责研讨和解决各项有关中等技术教育的重大问题。1963年,职业教育司出现。1964年,中等专业教育司和职业教育司合并,职业教育管理和运行机制雏形初现。探索时期的职业教育发展较为迅速,目的在于逐步确立和完善职业教育体系,但因职业教育制度的建设多借鉴苏联的职业教育模式,并没有形成自己独特的职业教育制度。因受政治和经济因素的影响较大,职业教育在整体上呈现出大起大落的状况。

4.1.2 改革时期

职业教育的改革时期指改革开放至 2010 年《国家中长期教育改革和发展规划纲要(2010—2020 年)》发布前这一段时期。1978 年,邓小平在全国教育工作会议上指出,要扩大职业技术学校的比例,为未来职业教育的发展指明了方向。新世纪的到来,不仅使经济结构调整的步伐进一步加快,也带来了劳动大的供需变化,职业教育日趋受到市场需求关注。这一时期,全国职业教育工作会议在全国教育工作会议的基础上召开。会议指出,要大力发展职业教育,促进我国经济建设和社会发展。因此,该时期的职业教育政策重视其与经济发展之间的重要关系,鼓励多种方式办学,职业教育的规模进一步得到扩大。同时,这一时期的科技进步对劳动力质量也提出了更高的要求。为培养更多高质量的技术技能型人才,职业教育也不断进行调整与改革,以便获得更好的发展。这一时期,在改革开放的影响下,西方的职业教育思想传入中国。苏联解体后,中国的职业教育发展受到冲击,揭开了向西方学习的序幕。然而,伴随劳动人事制度改革、企业教育职能剥离的推进、高等教育的快速发展,传统职业教育的吸引力和认可度日益减弱,在一定程度上抑制了职业教育的发展。

4.1.3 创新时期

职业教育的创新时期,指 2010 年至今这一段时期。2010 年,《国家中长期教育改革和发展规划纲要(2010—2020 年)》发布,规划了 2010—2020 年期间各类教育的改革与发展方向,中国的职业教育自此进入了一个新阶段。该时期的职业教育发展更趋于精细化和规范化,注重教学质量的提升,逐步形成了具有中国特色的职业教育发展道路。随着科技的进步与人民生活、文化水平的提升,职业教育呈现出以下几个发展趋势:第一,发展重心开始由中等职业教育向高等职业教育转移,开始注重职业教育、继续教育、高等教育之间的沟通与协作,将职业教育同终身学习结合起来;第二,国家大力推动职业教育改革,创新职业教育发展的方式方法,开展了多项试点工作,探索最有效的发展途径;第三,国家更加重视建立健全职业教育的机制,加强了职业教育体系的建设,细化了职业教育的政策法规,使制定的职业教育政策更具有针对性,有效保障了职业教育的发展。

2018 年,习近平总书记亲自主持审议通过了《国家职业教育改革实施方案》,明确指出职业教育与普通教育是两种不同教育类型,具有同等重要地位,这在一定程度上提升了职业教育的地位,为职业教育的发展注入了底气。2020 年 10 月,《中共中央关于制定国民经济和社会发展第十四个五年规划和二〇三五年远景目标的建议》提出加大人力资本投入,增强职业技术教育适应性,这是党中央从经济社会全局出发对职业技术教育发展作出的新论断。增强职业技术教育适应性,必须服务于构建新发展格局、建设现代化经济体系、建设高质量教育体系、建设高素质劳动大军等四大任务，为促进经济社会持续发展和提高国家竞争力提供人才支撑。

4.2 中国职业教育的特点、影响与问题分析

4.2.1 职业教育的特性

职业教育是依托于当前社会的职业分类体系的教育，与职业关系密切，所以职业教育的特性与职业的特性具有一定的重合。但因职业教育是一种教育类型，所以其还具有一些教育的特性。

依据南海的《职业教育的逻辑》，可以将职业教育的特性归纳为社会性、生产性、职业性、产业性、多样性和适应性。

4.2.1.1 职业教育的社会性

职业教育的社会性包括两个方面的含义：一方面职业教育的产生源于人类社会的出现，是一种为人类社会所独有的社会现象，属于人类社会范畴；另一方面，职业教育的目的在于让人们掌握职业所必需的知识和技能，获得在社会中生活的能力，促使人逐步社会化。

4.2.1.2 职业教育的生产性

职业教育的生产性是指职业教育是社会生产和再生产过程中一个必不可少的环节。职业教育承担着为社会培养高素质、高水平的技术技能型人才的重任，并通过产教融合的方式建立实训生产基地，将人力资源转化成物质生产，推动社会生产进步。同时，职业教育也有助于实现劳动力的转型升级，进而推动产业转型。

4.2.1.3 职业教育的职业性

职业教育是为适应职业而开展的一种定向教育,职业决定着职业教育的产生、发展、变化和消亡。多元的职业类型决定了职业教育的多元化,职业教育依赖和服务于职业。

4.2.1.4 职业教育的产业性

职业教育是教育系统中与经济联系最为紧密的教育类型,因此职业教育的运行机制和管理模式要面向市场,借鉴产业。在实施"双元制"职业教育的国家中,职业教育可以被看作各个产业的延伸,乃至各个产业不可分割的部分。同时,职业教育自身也可以视为一种教育产业,通过产教融合、校企合作的方式生产相应的产品,制造一定的社会经济价值。

4.2.1.5 职业教育的多样性

职业教育的多样性是由职业教育的职业性所衍生而来的。不同的职业类型决定着职业教育是一种在目标、层次、形式、内容等方面提供多种选择、满足多种学习和发展需要的教育。因此,职业教育在运行过程中具有灵活多变的形式和内容,其多样性程度直接影响职业教育对社会需求的适应程度。

4.2.1.6 职业教育的适应性

科技的进步、生产技术的更新换代,必然带来产业结构的调整,从而致使职业种类变更和职业规模改变。职业教育的适应性便是职业教育依据职业种类和规模变化,改变自身特性和发展方式的能力,这种能力既包括职业教育能够自主适应经济与社会发展过程中的职业波动,也包括职业教育对产业结构和生产技术更新换代的提前预测。

4.2.2 职业教育模式

职业教育模式是对改革发展中的职业教育各个层面新事物、新经验、新方法或新途径的归纳总结。职业教育模式在职业教育界得到广泛使用。

4.2.2.1 模式的概念

模式是一种系统的、比较固定的、有一定成效或比较成熟的（客观的）形态或（主观的）做法。模式一词在英语里没有完全与之对应的词语，查看英语词典中相关词语，mode 的意思是样式、风格，method 的意思是方法、条理，model 的意思是模型、模特，pattern 的意思是样式、图案，schema 的意思是图解、计划等，但这些词也经常被用以表示"模式"的意思。《现代汉语词典（第 7 版）》中的解释是："某种事物的标准形式或使人可以照着做的标准样式。"我国改革开放以来实施的基本国策和经济社会发展方式，被称为"中国式发展模式"。可见，模式还是一个不断发展、内涵逐渐趋于丰富的概念。

4.2.2.2 职业教育模式的类别

职业教育模式是职业教育在一定社会条件下形成的具体样式。职业教育是由多个主体承担的，以训练、培养技能型人才为目标的教育。职业教育不仅与通识教育有很大不同，也与许多高等院校的专业教育有较大不同。这种不同，表现在办学主体、办学方式和途径、教学组织和实施的方法等多个方面。在不同的历史阶段、不同的国家和地区、一个区域中不同的学校，其差异往往是非常明显的。

特别是我国改革开放以来，随着社会主义市场经济的发展和用人机制的深刻变化，职业教育开展了多种途径的探索和多种方式的尝试，推进了职业教育的多元发展，从办学主体、办学方式、教学方式、监控方式、投入方式、招生就业方式等各个方面，出现了大量各具特色的样式，形成很大差异，为了区分、比较、研究这些差异，模式这个概念就在职业教育领域得到较多应用。

（1）现行职业教育模式

现行职业教育模式包括订单式培养模式、理论实践一体化模式、工学交替教学模式、两段式预分配模式四种。

（2）职业教育工学结合模式

职业教育工学结合模式的基础是工厂与学校相结合，特点是工作与学习相结合，重点是工人与学生相结合，亮点是工具与学具相结合，难点是工时与学时相结合，融合点是工资与学费相结合。

（3）中国特色职业教育模式

中国特色职业教育模式分为以下六个方面：

一是法律框架下的合作模式，即国家制定一系列法律法规，让职业学校在法律法规推动下与当地企业建立协作关系，实行合作教育。

二是学校与企业联合办学模式，即政府积极发动企业参与职业教育。企业在输送学员、提供导师、协商课程建设方面发挥重要作用。

三是企业访问模式，即学生通过走访企业，了解企业及其业务，最终确定将来的就业机构和岗位。

四是契约模式，即由政府教育行政管理部门、学校、企业、行业协会、家长、学生等签订契约，约定学校与企业之间建立互惠互利的合作关系。

五是职业资格证书与学历证书互通模式，即实行职业资格证书与学历证书相互融通，以适应求学者多种多样的求学需要。

六是企业定向模式，即职业院校与企业签订合同，为企业培养特定技术人才。

可以说，职业教育模式是对某一个历史阶段、某一种办学方式或某一种教学实施方式的归纳。

4.2.2.3 职业教育模式的层次

职业教育模式按层次划分可以分为办学层面、教学安排层面、教学方法层面和区域发展层面。

（1）办学层面

一般称为"职业教育办学模式"。职业教育办学模式是指办学主体、合作办学、招生就业渠道方式等综合因素共同构成的一套学校运行的方式，这个概念还可以细分。例如，就办学主体而言，在中华人民共和国成立后，职业教育主要由行业和企业主办。改革开放以来，办学主体从行业和企业逐步转移到政府。进一步分析则可以发现，新中国前30年的职业教育尽管是由行业和企业主办，但由于行业是政府的组成部分，所以行业主办的中专学校等，其实际办学主体仍是政府。而且由于企业是国有的，所以当时企业主办的技工学校与在社会主义市场经济环境下企业主办的学校有很大不同，可以称为"准政府办学"。随着社会主义市场经济的发展，行业、企业逐步走向市场，由于财力、精力、用工机制的限制，绝大部分企业不再办学，职业学校的办学主体逐步转为政府。

从理念出发，企业在任何情况下都应该是职业教育的办学主体，但是实际情况是直至目前，我国企业在办学方面无论是在能力上还是财力上，都勉为其难。值得指出的是，我国职业教育的办学主体从行业、企业转向政府，有一个重要契机，就是从 20 世纪 80 年代中期到 90 年代初期，一大批职业高中的产生。这些学校的产生与发展，是由各区域政府直接主导、推动的。它为政府最终成为职业教育主体的大局奠定了基础。

在办学模式方面，还有一个重要的影响因素，即校企合作。这一因素实际上也是从办学主体演化过来的。自从行业、企业不再成为职业教育的办学主体以后，校企合作就成为职业教育成败的关键。过去，在行业或企业主办职业教育的情况下，在课程、教学、教师、实践条件、就业等环节，企业因素全面渗透，根据企业需求制定的人才培养目标实施基本没有障碍。而在政府办学以后，学校与企业的关系是合作关系，合作的深度和成效直接关系到学校的办学成败。因此，在对各个学校办学模式的分析陈述上，校企合作的方式成为十分重要的内容。

（2）教学安排层面

人才培养模式的提法从 20 世纪 90 年代开始得到广泛运用。人才培养模式是整个学制阶段针对学生发展所作的改革性安排，是对整个培养设计的概括性提炼，是对课程体系改革的依据。这一概念的产生，直接起源于职业教育的实践教学。

随着对职业教育培养目标的深入理解，就业能力和技能水平成为职业教育教学最重要的目标之一。在计划经济时代，由于职业学校（中专、技校等）都实施"包分配"政策，教学质量特别是技能教育教学的质量并没有得到充分重视。改革开放以来，教学直接关系到学生就业，技能教学成为重中之重，从而产生了一系列变革。重点是技能教学的组织，它导致传统教学计划的颠覆。实践设备、教学时间以及组织方法的限制，使职业学校安排实践教学包括实习等方面需要进行合理性、可行性考虑。在打破传统教学计划，重建教学体系的过程中，人才培养模式这一概念应运而生。从高职院校的示范校建设到中职学校的示范校建设，其建设核心都是人才培养模式的构建，以及以技能教学为重点的新课程体系或教学计划的建设，它们构成了示范校建设的主要成果。凡是参与示范校建设的专业，都构建了自己的人才培养模式。

（3）教学方法层面

教学方法往往被称为"教学模式"。教学方法是就某一课程或项目系统的、有一定特色并行之有效的某种教学策略。由于职业教育的技能教学与传统的课堂教学迥然不同，与传统师徒相传的教学方法也根本不同，就具体专业和课程来说，绝大多数是没有先例进行探索和实验的。因此，通过大量的实践探索和经验总结，最终形成了大量各具特色的、系统的教学方法，这些教学方法往往被称为教学模式。经过几十年的发展，职业学校、高职院校的广大教师探索、总结、提炼了大量教学方法，从课程的一个环节、一个单元、一个模块，发展到整个课程。大致可以归于好几个大类，如实验教学法、案例教学法、情景教学法、任务教学法等。它们的基本特征都是"讲""做"结合。

（4）区域发展层面

"发展模式"一词，来源于国家发展模式。改革开放以来，对我国社会主义发展路线的设计、探索是在总结前人经验，比较各国发展历史和现状，创造性地运用马克思主义理论的基础上进行的。发展模式用来研究人类发展历史各个阶段，特别是当代各国发展的途径和方式，承载着重要的意义，产生了十分丰富的内涵。一个省、一个地区、一个城市的职业教育发展模式，是经济和教育互动方式、政府和政策引导方式、学校办学教学模式和综合运行方式的总和，是对这些方式共同作用于区域职业教育发展的概括性描述。就一个区域的职业教育发展来说，职业教育受到政策、动力、经济环境、办学能力等方面的制约，呈现出不同的发展样式，通过分析、归纳、总结提炼规律和经验，从而形成区域职业教育发展模式。这些模式对区域职业教育的持续发展，对其他区域的交流借鉴，对把握国家职业教育发展中长远目标，都具有重要意义。

4.2.2.4 世界职业教育主要模式

世界职业教育模式是一个比较模糊的概念，一般是从某一国家或地区的教育特点出发，大致描述这一国家或地区的职业教育。因此，其模式的内涵千差万别。有些国家的职业教育特点表现在国家层面的设计和主导，有些则表现在学校办学模式；有些注重校企合作关系的建设，有些则注重投入和办学质量监控。在模式描述中，这些特点往往成为主要内容，甚至办学机构的样式和教学组织方式由于其特殊性，也成为某些模式的主要内容。

在世界职业教育中，对我国职业教育有重要影响的模式有以下几种：

（1）CBE模式

CBE模式是在北美（加拿大、美国）比较典型的一种职业教育模式。CBE是competency-based education的缩写，意思是以能力为基础的教育。这一模式的核心是把职业能力转换为教学内容，其实施主体是以培训为主业的职业学校。教学内容是菜单式的，学生按需求选择课程。根据美国教育学家本杰明·布鲁姆（Benjamin Bloom）的教育思想，只要在提供恰当材料和进行教学的同时，给予适当的帮助和充分的时间，90%的学生都能达到规定的目标。而这一目标，其实就是达到某一技能的水平。

这一模式的核心是能力分析，把能力分解（细化）为转向能力和综合能力，再把这些分解出来的能力转化为课程教学内容。能力分析已被我国职业教育界引入，成为课程建设的重要手段和基础。从本质上看，这一模式是一种教学模式。当然，这一模式从教学内容转换出发，既影响了课程和教学，也影响了办学方式。

（2）德国"双元制"

德国"双元制"最早被我国引进，其特征是企业招收学徒，并安排学徒到学校学习文化和专业知识。实施"双元制"的关键是政府在教育机制上给予支持，使一大批就业的员工同时具备学生的身份，并保证企业给予这些员工比较充分的学习实践。在具体实施过程中，企业承担了技能教学的主要任务，学校承担的是文化知识等通识教育的部分。可见，这一模式没有我国职业教育意义上的校企合作问题，因为实施技能教学的是企业。客观上看，我国引入德国"双元制"并不顺利，因为企业并没有对员工进行技能教育的义务。但如果没有企业的支持，学校单方面实施"双元制"，以"一元"做"双元"，其困难可想而知。

（3）MES模式

MES（瑞典、德国）实际就是"模块培训"的意思，它是培训机构创设的一种教学内容构建方式，是以每一个具体职业或岗位建立岗位工作描述表的方式，确定该职业或岗位需要具备的全部职能，再把这些职能划分为各个不同的任务。我国劳动部门的培训机构率先引入这一模式，用于培训项目的建设。但是这一模式与实施主体有很大的关联，引入后逐步产生我国职业培训机构的培训菜单，虽然也被许多职业学校引入和运用，但其零散化、碎片化和灵活性等特点与学校的系统化教育大相径庭。

（4）澳大利亚TAFE模式

TAFE的本义是"技术提升教育"，这一模式最主要的主体是学院。TAFE学院是一种完全以培训为主业的学校，它每年提供数以千计的职业课程。学院的教学内容与我国许多培训机构的办学模式相似。培训机构根据企业需求制定项目，企业参与课程设计，甚至直接提供课程资源。所以，TAFE学院的证书得到各行业、雇主及大学的广泛认可，对就业而言，证书的含金量很高。由于TAFE学院致力于岗位能力，所以在教学组织方面采用小班制，在教学上注重方式，教学成效很高。也可以说，它的教学模式产生于有特色的教学机构。澳大利亚 TAFE 模式，是一种以机构特征为出发点进行描述的职业教育模式。

(5) 日本职业教育模式

日本的职业教育分层举行。低端：在普通学校从小学高年级开始，直至初中和高中都开设职业课程，内容有烹饪、手工、农艺等，与实际的职业岗位联系不紧密。中端：是政府办的公共职业训练中心，提供通识性技能教育，以及帮助残疾人等社会弱势群体的就业教育。高端：企业对员工的内部培训，这类培训质量非常高，由于日本的家族企业传统和以企业服务年限为基础的养老金体制，企业对自己培养高技能人才有很高的积极性。

(6) 我国港、澳、台地区的职业教育模式

这一模式也是对一个大区域的职业教育状况作的总体概括性描述，由于文化环境、历史渊源等因素，大陆和这些地区在职业教育环境和发展方式上有许多相同或相似之处。职业学校和培训机构并举，构成职业教育的主体，在这方面大陆和港、澳、台地区极为相似。就目前的情况来看，这些区域中相当一部分职业学校的专业课程、技能型课程的教学内容所占比例日趋减少，升学成分逐步提高，很像内地许多职业学校的发展趋势。值得指出的是，我国台湾地区曾经推行过类似大陆的校企合作，称为"建教合作"。但是，随着劳动力市场的发展和企业用人结构的变化，企业参与职业教育的积极性逐步减弱，这一合作形式的衰微影响了职业学校的办学方向。

4.2.3 产学研合作教育人才培养模式的校内要件构建

通过对产学研合作教育人才培养的典型模式和成功的案例分析，职业院校内必须具备相应的基础和条件，这些基础和条件可以归纳为平台体系、策略体系、结构体系和机制体系的群集以及群集内各要件的内涵与功能的变化、满足的程度、合理的选择和有机的组合。

4.2.3.1 建立不同功能、不同层次的产学研合作教育的实施平台体系

(1) 利用校外教育资源，在企事业单位及相关行业共建实践教学基地

实习实训条件是培养高职人才的重要物质基础。蕴藏在各级各类企业中的企业文

化、技术力量、场地设备等都是职业院校办出特色的最有效的教学资源。

例如，充分吸纳、利用校外教育资源，让用人单位直接参与学校的人才培养全过程，有利于学校走出封闭办学的模式，促进人才培养更加适应社会的需要，也有利于职业院校优化人才培养过程，解决教学内容脱离实际、教学方法落后、实践教学环节薄弱的问题，解决学生的能力和素质培养不够、专业面偏窄、适应性差等现实问题，从根本上提高人才培养的质量。职业院校与有关企事业单位充分合作，在校外建立稳定的实践教学基地，稳定的生产实习、岗位实习、毕业实习基地。学生阶段性生产实习、岗位实习、毕业实习均在有培养任务的单位完成，单项实习、与课程相关的工序实习基本上在实践教学基地完成，使学生能与真实的职业环境零距离亲密接触，从而达到"借鸡生蛋"的目的。

（2）发挥学校优势，吸引校外企事业单位与学校共建科技研发中心、实验（实训）室

学校拥有一支科研与技术开发方向明确、具有相当实力的研发队伍，可以采取多种形式加强与企事业单位合作实施课题研究和产品开发，共建具有确定的研究方向、具体领域的技术、产品、工艺合作项目等性质的研发机构，可促使企业成为学校科技项目的来源地，校企合作技术开发、科技成果转化的基地，学生进行科技实践的基地。同时，发挥这种机构在专业联系企业中的桥梁作用，可以拓宽产学研结合的途径，在提高产学结合的广度和层次的基础上，同时利用企业的科研设备，大大改善科研条件。吸引企业在学校内建设实训中心、实验室时，学校应力求企业提供大部分关键设备，达到当前企业信息化管理全真的实训条件与环境，以及全套企业软件和设计系统。学校可以利用学生毕业后分布广的特点，为企业的产品推广提供服务。

（3）引进校外智力资源，建设兼职教师队伍

学院从合作单位中选聘具有丰富实践经验的工程技术人员或基层管理工作者等作为兼职教师，改善师资队伍结构。例如，聘任企事业单位、行业人员在校内兼任专业教师；学生在校外实践教学基地生产实践的全过程均有企业指定专业技术人员进行指导；在名牌大学、科研院所建立教师定向培训基地；聘请名牌大学、科研院所等单位的高级技术人员担任学校兼职教授等。

（4）主动适应社会需求，拓展校行、校政结合的空间

学校要加大校政结合的力度，主动围绕地方经济与社会发展的需求，在地方行业中树立良好的信誉，赢得地方政府的信任；同时，积极加强与行业的联系。例如，发展工

程技术研发中心、地方公共技术服务平台等科技中介机构。

（5）创建与社会联系的桥梁，积极稳妥地发展校内科研机构

这些科研机构均按现代企业制度建立平台，通过有效的激励措施，提高教师参与科技开发工作的积极性，提高校内科研人员与企业协作交流的能力，迅速拉近学校科研力量与市场的距离；通过市场化的运作和一定的资金投入，加快科研成果的转化，实现以专业带动产业，以产业牵动专业，使之成为专业联系企业的桥梁，充分发挥校内科技产业在产学研合作和对外进行科技服务方面的窗口作用。同时，校内科研机构为教师和学生学习提供开展科技实践活动的场所，拓宽培养教师和学生工程实践能力的渠道，促进教学与实际生产过程的融合。

（6）突出专业特色，建立专业师生工作（创业）室，并不断发展为校内科技开发规模体系

专业教师要根据自身专业知识结构与实际操作能力，确立自己的主攻方向，成立有专业侧重的工作室，并与一家或多家企业定向结合开发新产品。

教师工作室应公开在全校范围内招聘学生，进入工作室的学生有各自的岗位职责，严格遵守工作室规章制度与考核标准，这样学生不但在专业知识与能力方面有了很大的提高，而且培养了自身的敬业精神与管理意识，以后不再是单纯的技术人员，而是集技术、工艺、生产、管理于一身的综合型人才。

4.2.3.2 建立不同序列、不同形式的产学研合作教育的策略体系

（1）建立行业企业广泛参与的产学研合作教育的组织系统，确保产学研合作教育工作的健康发展

职业院校的"产品"是毕业生，其服务的对象是企业或相关行业。职业院校应主动征求客户对"产品"的要求，重视客户对"产品"使用情况的反馈，培养出适销对路的人才，否则就会没有市场，进而失去自身生存与发展的空间。为此，学校应与政府、行业的有关领导，用人单位的主要领导，高等院校及科研院所的专家共同组建院产学研合作工作各类组织，建立议事和定期联系制度，充分发挥这些组织在加强与企业密切结合方面的作用。例如，协调产学双方产学研合作教育工作；统筹安排各专业产学研合作的相关事宜；检查、评估和指导学校产学研合作教育的实施情况及实施效果；具体指导专业设置及人才培养方案的制定，指导师生开展技术开发、技术推广等科技工作，指导校

外实践教学基地的建设、教育质量的信息反馈、培养方案的优化等方面的工作。

（2）举办产学研合作教育工作洽谈会，拓宽学校与企业或相关行业合作培养人才的渠道

利用与学校有联系的省、市的各类人才交流会、产学研合作项目对接会、校毕业生双选会、校招生信息发布会等一切机会，开展产学研合作人才培养洽谈。提出学校与企业、行业和政府结合教育培养人才的目标、优势、环境，结合教育的条件和方式等信息，让合作者在诸多候选对象中进行比较，促进学校与企业或相关行业选择合作伙伴，根据双方内在需要选择适当的合作方式，校企双方围绕共同目标，在人才培养、科学研究、发展生产三个方面进行全面的合作，将各自的部分力量集中起来，统一规划、统一管理、统一使用，实现效益的最大化。选择合作伙伴时遵循的原则是：合作者们要具有共同的目标、共同的意向和意愿，同时要注意合作伙伴的良好信誉，以降低风险。

（3）开展技术培训，推动校企双方人员交流和人才培养

学校从教育服务社会的角度出发，树立大教育观，针对不同区域、不同行业、不同层次、不同职业岗位的技能要求及不同企业的实际需要，开展多种职业教育与培训。例如，学校与企业建立定向培养机制，对于提供较明确的就业岗位的企业，学校按岗位要求对有意向到该企业就业的学生采取量身定做的办法，开设必要的选修课和专门技能训练课，为企业定向培养人才；学校通过优先推荐毕业生等办法，多渠道、多途径让企业得到更多的实惠，吸引企业参与学院人才培养的过程。随着学校为企业提供的服务越来越充分，企业与学校共建实践教学基地，企业承担相关实践教学任务、接纳学校选派部分教师到企业进行实际锻炼、选派具有丰富实践经验的工程技术人员和基层管理工作者担任指导教师或到学校担任兼职教师的积极性越来越高，进而为校企更好地开展产学研合作教育提供了基础条件，同时也为社会发展构建职业教育的服务体系，为学校实现办学类型多样化和办学形式灵活化的办学格局，赢得了广阔的教育市场与发展空间。

（4）开展技术服务和课题研究，发挥科技在产学研合作教育中的先导和纽带作用

学校发挥人才、技术、科研等方面所具备的一定优势，一方面为企业解决生产实际问题，开发新产品，提供"短、平、快"的科技服务与科技成果转化，加快企业发展的步伐；另一方面积极与企业、行业和地方政府联合开展课题研究，通过项目的合作，获得较好的经济效益，赢得企业的信任，消除企业对技术外流的担心和疑虑，与企业建立良好的关系，增进与企业的友谊。

4.2.3.3 推行以产学研合作教育为主线、"教学做"一体化的实践教学结构体系

（1）在实践教学的安排上

从系统的角度出发，完善和优化培养方案整体架构，将实践教学与理论教学、毕业设计和就业等环节有机地融为一体，充分调动学校、用人单位和学生三方的积极性，基本得到实践教学过程中的质量保障。在内容上，由单纯加强与巩固所学理论知识向全面提高学生素质转变；在考核上，由对学生的定性评价向定量考核转变，由学校考核为主向企业用人单位考核为主转变，整个实践教学效果的考核均有企业人员全程参与；在费用上，由学校支付实习费用向绝大多数学生能获得报酬转变。

（2）在实践教学的内容体系上

要由简单到复杂、由单项到综合、由模仿到创新，并做好五个层次的工作：一是以公共课为理论基础，相关实验室为基地，逐步增加小型的综合性、设计性、研究性实验，完成实验基本技能的训练，培养初步的创新意识和动手能力；二是以专业基础的理论和技术为核心，以综合性实验中心为基地，增强实验的分析性、设计性和研究性，让学生在教师的指导下学会如何寻找问题、如何假设、如何设计实验、如何分析数据、如何分析实验结果，使学生掌握实验研究的基本手段和方法，培养学生分析和解决问题的能力，激发学生的创新思维；三是以专门课的理论、知识、分析和解决问题的能力为基础，结合课程设计，以专业实训中心、设计中心、技术开发中心、校内实习工厂为基地，模拟成熟的技术和已完成课题的研究过程和方法，在真实的研究环境中，使学生体验到技术开发与应用的现实要求，培养学生科技开发与科技服务能力；四是结合专业生产实践，到相关的企业直接收集和确定研究课题，以校内和企业相对应的设计中心、技术开发中心为基地，在教师指导下，根据学生的研究能力，完成技术开发、产品设计、工艺设计与实施；五是把企业的技术改造、工程项目、产品开发、设计创新等企业需要解决的技术问题作为毕业设计的课题，让学生在现代工业技术训练的良好的工程环境中，亲身感受企业所面临的挑战与机遇。

（3）在实践教学的各个环节上

按培养方案的总体规划，处理好教学、应用技术、生产实践三者的关系，在教学计划中统筹安排好学生在学期间的社会实践、生产实践、技术应用与产品开发，逐步提升产学研合作教育的层次。具体措施如下：

一是以专业相关知识为基础,以生产实践中的典型应用技术为载体,以技术开发与应用等案例为主线,安排理论教学内容,将理论教学融于专业职业能力的培养和企业的生产实践中。

二是按实践教学体系与理论教学体系互相渗透、互相融合、有机交叉的要求,形成并行的"两条线"课程设置模式,并根据学生的个性化要求和企业的岗位要求对学生开设必要的选修课和专门技能训练课。实践教学既要与专业职业能力的培养和生产实践相结合,又要与企业当前的技术改造、新产品开发、新工艺的设计和实施相结合,努力缩小学校教育与企业、经济发展对技术应用型人才的要求的差距,以及在培养目标和规格上与社会需求相脱节的现象。

三是按各种社会实践和生产实践紧密联系专业知识和职业能力的要求,以新产品的开发、新技术的应用、新工艺的创新研究以及新设备的安装调试、新产品的市场营销推介等方面的活动为载体。

四是生产实践力求在实际环境下,明确任务和职责,真干实做。阶段性生产实习和毕业实习要求学生以"职业人"的身份顶岗从事生产性工作,承担工作岗位规定的责任和义务。学生作为一个真正的工作人员,在一个真实的工作环境里,完成一项真实的工作任务。通过社会实践和生产实践,可以更好地发挥社会教育资源的作用,促使学生接触社会,了解社会对人才的要求和自身的不足,使学生不仅思想上受到教育,业务上得到提高,还能将学到的理论与生产实际紧密结合起来,从而弥补课堂教学的不足。

五是建立与完善学生参加科技活动和社会生产实践的形式和体系,突出专业特色,以鼓励创新为主题,以专业的新产品、新工艺、新设备、新型管理等方面新技术的开发和应用为核心内容,以学生为主体的科技活动和生产实践贯穿人才培养的各个环节。变过去只了解、配合专业学习,掌握专业技能为向劳动人民学习,提高素质、锻炼工作能力,培养团队精神、创业精神和创新能力。

(4)在校内实践教学的物理环境和实施形式上

贯彻理论与实践相结合的原则,根据工程实践、专业技术过程、生产现场环境要求,在提高实验(实训)场地使用效率的同时,模糊教室、基础实验室与专业实验室的界限,模糊理论教学与实践教学、专业教师与实践指导教师的界限,注重围绕实际工作岗位、工程项目开展教学,切实提高学生的实际工作能力。实现教、学、做一体化,按照"从低级到高级、从基础到专业、从单项到综合、从模拟到创新"的要求,对实践教学设施重新进行合理科学的规划与建设,积极创设真实或仿真的生产设计和生产流程的实践教学环境,使实践教学环境凸显"工厂化"和科技综合化。

4.3 职业教育的教学方法

教学有法,但无定法。通过长期的理论研究和教学实践,人们总结了不少教学方法,但由于职业教育注重培养学生的技术应用能力,强调理论与实践并重,因此职业教育的教学方法应根据教学活动的变化,根据培养目标的要求,体现自己的特点,构建出独特的方法体系。

4.3.1 讲授教学法

讲授教学法是教师通过口头语言向学生系统连贯地传授知识的方法,包括讲述、讲解、讲读等几种方式。当教学要求是以传授知识为主,教学内容是理论性、资料性的时候,运用讲授法,往往能在短时间内实现大信息量的传输,效果较好。但讲授法较多地反映了教师的主动性,学生则处于被动的地位,特别是重理论轻实践的时代,这种方法被千篇一律地使用,学生成了单纯接受知识的"口袋"。因此,在使用中应注意扬长避短、注意形式、手段上的变化,避免枯燥、乏味。

讲授法对教师提出了较高的要求,如:要求教师具有较强的语言表达能力,课前认真备课,讲课时声情并茂、节奏跌宕、引人入胜、富有感染力,能旁征博引、巧譬善喻,讲授具有趣味性,善于启发学生思路,始终掌握主导权。

4.3.2 现场教学法

现场教学法就是在工厂车间等工作现场或者学院的实训中心、教学工厂,按教学要求及教学目标,教师、学生互动,边讲边看、边讲边练的教学过程。

学院的实训中心、教学工厂是按照工厂实际的岗位现状、模仿工作现场而精心设计的教学场所，它具有真实情景不具备的优势：可以不破坏正常的生产、工作、生活秩序；可以方便地展示设备的内部结构，以利于学习者了解其工作原理；可以循环往复地完成某一技能的训练；可以人为地设计制造一些在日常实际工作中常常出现的故障，供学习者去分析、判断、排除等。

实训中心、教学工厂要精心设计。国外许多学校实训室的设计都采用了通透式的方式，同时各实训室的安排体现了"从低级到高级，从基础到专业，从单项到综合，从模拟到创新"的设计思想，使学生完成一个实训任务、一个实训项目后，对下一个实训任务、实训项目就已经有了直观的印象，能起到潜移默化的作用。

现场教学法的优点在于：一是学生可以通过看和听两种方式接收信息，体验感较强，学习效果较好；二是现场讲解，事半功倍，学生一目了然，比讲授法更有说服力；三是可使学生通过真实或仿真的环境及早地接触到"岗位"，培养职业感情，逐步进入"角色"；四是增强学生发现问题、分析问题及解决问题的能力。

除真实场景外，实训中心、教学工厂要求越接近真实越好，要能"以假乱真"，模拟的情况主要有：器物模拟，如模拟汽车、火车与飞机驾驶，从梳棉、并条、粗纱到细纱的生产模拟车间等；环境模拟，如商务洽谈室、模拟财会室等；人物模拟，如模仿商场里的顾客等。

4.3.3 项目教学法

项目教学法是指学生在教师的指导下，通过完成一项完整的"项目"工作而进行教学活动的教学方法。这里的"项目"是指以完成一件具体的、具有实用价值的产品为目的任务。

项目教学法是学生接触社会，接触实际，发挥主观能动性，体现创新素质和技术应用能力的比较适合职业教育特点的教学法，它还体现了产学研一体化的具体实践成果。

项目教学法要求教师充分接触社会、企业，广泛收集信息，提出项目任务，在与学生共同讨论，确定各自目标和任务的前提下，由学生根据学到的知识、已有的专业能力，独立自主地或在教师帮助下实施和完成项目。项目的完成既要接受教师的评判，也要接受社会的评判。

项目教学法对激发学生的自信心、创造力，培养学生的创业意识，增强学生对专业的热爱，让学生及早地接触岗位，培养学生的兴趣等都有较好的效果。

项目教学法要求学校给学生完成项目创造一定的氛围和条件。例如，某职业技术学院在各系都建立了"技术开发中心"，并且在有些专业设立了"教师工作室"或"××设计室"，配备了办公、接待、洽谈设施和从事产品开发、科技开发的必要设备，吸纳高年级学生参加科技开发、产品设计、技术服务和技术咨询等活动。专业教师通过自己的工作室或设计室，加强与企业的联系和合作。一方面，教师在教学时能以企业真实的生产工艺为主线，以实例、案例为核心，进行教学；另一方面，能够带领学生研究解决企业生产实际课题。项目教学法在我国实施以来，实践效果显著。比如：在国际、国内大赛中摘金夺银的服装设计参赛作品，大都出自艺术系专业教师工作室师生的共同手笔；一些新型纱线、面料新品由纺染系设计室提供给国内知名大型纺织企业，成为占领市场的主打产品；经贸系的企划室为农村基层政府和小型企业提供了众多企划方案、咨询报告和调研报告等。

4.3.4 案例教学法

案例就是为了某种既定的教学目的，围绕某一问题，面对某一真实的情景所作的客观描述。案例教学的典型过程有以下四个环节：

4.3.4.1 学生个人阅读案例与分析准备

这是必不可少的，通常是在课外事先进行的。此环节教师的工作主要是布置启发思考的问题与推荐参考文献、网上信息，以及要求和指导学生写分析提纲。

4.3.4.2 小组讨论

这与班级讨论不同，教师一般不在场，人数少，压力小，学生可以畅所欲言，充分交流。小组讨论应争取形成共识，并进行学习任务分工。学习任务分工是指在查阅参考文献、绘制图表等工作上进行分工，以及推举在班级讨论中以全组名义发言的代表。教师一般应允许同一小组学生的书面报告使用同样的图表，以锻炼学生的群体协作能力，但书面报告必须个人分别完成。

4.3.4.3 个人书面报告

口头发言不能代替书面分析,后者不但能锻炼学生的书面表达能力,而且能使学生的分析更有条理、更精确、更具逻辑性。考虑到书面报告有一定的工作量,教师可要求每个学生只完成几个案例的分析报告。

4.3.4.4 全班课堂讨论

这是师生所作努力的共同集中表现,也是教学功能发挥最完整、最强烈的环节。典型的课堂讨论常包括以下阶段:一是"摆事实",即让学员简要地回顾案例中的主要情节;二是"找问题",问题可能不止一个,这就要梳理出主要矛盾、次要矛盾;三是"查原因",即追查问题产生的根源,这也可能是多方面的,要逐一剖析、分清主次;四是对症下药,列出具有针对性的对策建议,对策建议当然不止一种,这便要权衡,利弊;五是"做决策"。有时还可加一步"拟行动",把决策变成具体的行动计划。

在教学中需要综合运用一些知识、问题不甚鲜明清晰、可作多种解释的教学内容,运用案例教学法较好。但对于问题比较单一、使用定量手段较多的内容,案例教学法似乎就不太适合了。

因此,教学中要根据课程的内容、时间、特点,教师本人的经验与长短处等,酌情采用最适宜的教学方法,这样才能各显所长、互为补充,提高教学效果。

4.4 高等职业教育发展展望

党的十八大以来,发展中国特色现代职业教育的举措是党和国家在高度凝聚中华人民共和国成立以来职业教育发展历史经验的基础之上的创新式与跨越式发展。未来的中国特色现代职业教育必然会继续以"坚持以人民为中心发展教育事业为逻辑终点",高度统合历史经验与未来目标,与时俱进地探索新模式、积累新经验,取得更多的成就,为实现第二个百年奋斗目标与中华民族伟大复兴提供坚实的人才保障。

4.4.1 核心任务：推动高等职业教育高质量发展

推动高质量发展，是当前和今后一个时期高等职业教育领域的核心任务。一方面，推动高质量发展，满足人民日益增长的美好生活需要，体现了高等职业教育以人民为中心的价值标准。实现中华民族伟大复兴的中国梦，重要内涵之一就是"为人民谋幸福"。高等教育从大众化进入普及化阶段后，人民群众密切关心的问题已经从"能不能上大学"转变为"能不能上好大学"；接受高质量高等教育已经成为大众对于高等教育的现实需求；推动高等职业教育高质量发展，为"人人出彩"提供更广的舞台和机会，是促进人自由而全面地发展，实现个人幸福的重要举措。另一方面，推动高质量发展，提供强有力的技术技能人才支撑，体现了高等职业教育在经济社会发展中的重要作用。职业教育的发展程度直接体现了一个国家和地区的经济发展水平，它为经济社会发展提供了大批一线高素质技术技能型劳动者。我国目前已开启全面建设社会主义现代化国家的新征程，正向着第二个百年奋斗目标进军，要充分认识到高等职业教育所肩负的重要历史责任，将推动高质量发展作为当前和今后一个时期高等职业教育领域最为核心的任务。

4.4.2 重中之重：加快高等职业教育内涵建设

"十四五"时期，我国高等职业教育的主要矛盾和问题集中在内涵建设上，要用高质量的内涵建设引领高等职业教育发展，通过教育供给侧结构性改革，实现高等职业教育供需水平的动态平衡。改革开放以来，经济结构转型升级，各种新经济业态层出不穷，我国高等职业教育的快速发展为经济社会的深层次变化提供了有力的支撑。教育强国战略实施以来，高等职业教育开始从单纯追求数量增长、办学规模扩张等"硬实力"转向"硬实力"与"软实力"并重的内涵式发展阶段。所谓内涵式发展，主要是指更加注重高等职业教育办学制度和标准体系的完善，为高职学生提供多元成长平台；更加注重以"工学结合、知行合一"为理念，促进高等职业教育发展和创新；更加注重以专业建设为龙头，加强专兼结合的"双师型"师资队伍建设；更加注重"产教融合、校企合作"的协同育人平台的建设。

4.4.3 未来走向：职教大国迈向职教强国

党的十九大报告提出，建设教育强国是中华民族伟大复兴的基础工程，必须把教育事业放在优先发展的位置，深化教育改革，加快教育现代化，办好人民满意的教育。未来，我国高等职业教育发展所处的总体格局是以优先发展为总定位，以教育现代化为发展方向，以建设教育强国为战略部署，以办好人民满意的教育为价值旨归。在这个格局下，我国将以更加清晰的思路、更加科学的规划，实现从职教大国向职教强国的历史性跨越。

首先，以满足人民群众日益增长的美好生活需求为中心，坚持高等职业教育职业性和高等性并重，打造多层次人才培养模式。以满足职业需求、培养实践能力为重点，稳步发展本科层次职业教育，引导部分普通本科院校向应用型本科院校转型，在符合条件的高职院校试点本科层次专业，探索长学制高端技术技能人才培养模式，加强专业学位硕士、博士研究生培养等。

其次，以促改革谋发展为核心，坚持高等职业教育终身性和系统性并重，打造个性化、多元化的终身职业教育和培训模式。《国家职业教育改革实施方案》将职业教育的边界延伸到职业技能培训、职业启蒙教育、劳动教育等，揭示了职业教育多元性、灵活性和终身性的特点。要发挥高等职业教育在全民终身教育体系中的重要作用和独特价值，实现普通教育和职业教育相协调、中等职业教育和高等职业教育相衔接、职前系统教育和职后提升培训共发展，构建"纵向贯通、横向融通"的开放、个性、多元、终身发展模式。

最后，以开放合作共赢为理念，坚持高等职业教育的实践性和融合性并重，打造立体化、全要素的产教融合平台。当前，我国经济正在由高速增长向高质量发展阶段转向，新技术已大大改变了所有行业和职业的工作性质。与此同时，生产效率是经济长期增长和公众生活水平提高的决定因素。人们期望技术与创新的大幅度发展能够进一步提升生产效率，而产教融合是一个重要的途径，这在我国经济社会发展的过程中已被证实。因为与过去的低成本战略相比，当前通过产教融合平台以创新方式提供教育产品和服务的战略已经产生了更好的效果。在未来，"互联网＋""人工智能＋"等技术因素和平台经济、共享经济等系统因素共同发挥作用，将在更大程度上推动高等职业教育变革产教融合的理念与策略，以最大限度扩展教育消费者对教学产品和服务的需求，进而催生出更多新的教学资源和教学手段来满足这些需求。

在未来五到十年这个关键的转型期，深化产教融合、校企合作将是高等职业教育高质量发展的最基本路径，产教双方需牢牢抓住这一战略机遇期，共同致力于培养具有解决复杂问题的能力以及掌握系统性技能的人才，使其能在不确定的经济社会发展过程中把握未来工作机会，从而推动实现人与社会的和谐发展。根据《国家产教融合建设试点实施方案》和《职业教育提质培优行动计划（2020—2023年）》，明确产教融合协同育人机制要以企业为主导，鼓励企业以资本、技术、管理等各种生产要素投入的方式开展校企合作协同育人；要以全要素为纽带，发挥行业企业在牵头成立职教集团、制定人才培养方案、共建培养基地等方面的主导作用，使行业、企业从单纯的资助人变为主导者，激发行业、企业协同育人的内生动力，在行业、企业、学校之间形成命运共同体，彰显产教融合在高等职业教育发展中的战略性地位。

第 5 章 虚拟现实技术在职业教育中的应用

VR 技术应用在教育领域将弥补传统教育的不足，为教育行业带来全新的改变。VR 教育的潜力在于利用用户对场景的记忆，只需要感受和体验，而不需要过多的学习和理解。人类天生有很强的空间记忆力，不需要理解机制也能记住。VR 作为一个高维度的媒介，更利于学习者的吸收、理解和接受。通过 VR 技术、VR 设备和人机交互技术，将 VR 技术应用到科研教学领域，为科研工作者和学生提供沉浸式和交互式的虚拟科研或虚拟学习环境，让科研人员或学生投入虚拟的情景中，从而达到科研或者教学的目的。

将 VR 技术应用到职业教育领域，可以帮助开设远程教学实验课程，避免真实实验可能带来的风险，突破时间空间限制，延展教学范围，提供人性化的学习环境。

5.1 虚拟现实技术与职业教育

5.1.1 虚拟现实技术在职业教育中应用的研究现状

教育部《2019 年教育信息化和网络安全工作要点》提出要"推动大数据、虚拟现实、人工智能等新技术在教育教学中的深入应用"。以大数据、虚拟现实、人工智能技术为代表的新一代信息技术在教育领域的广泛应用，引发了教育理念、教学方法、学习方式等各方面的变革。其中，虚拟现实技术为教育发展带来了全新机遇，它是 20 世纪末出现的一种综合性计算技术，可以让使用者拥有"身临其境"的沉浸感。职业教育是一种面向职业岗位、注重技能培养就业能力的教育，强调实践性。在职业教育教学过程中，受限于实训场地、设备设施，导致实践教学效果不理想。因此，虚拟现实技术多感知性、存在感、交互性及自主性的特点，正好能够满足职业教育中对仿真教学资源的诉求，也决定了其应用于职业教育的必要性。

调查分析发现，近年来我国对虚拟现实技术在职业教育中的应用研究角度较广，但对虚拟现实技术在职业教育教学中的应用研究较少，研究重心主要集中在相关理论探索性研究、教学应用研究。其中，对于虚拟现实技术的教学应用研究主要集中在以下两个方面：

一是一般课堂教学中的应用研究。它指利用 VR 技术将职业教育课程教学中的抽象概念可视化，将不易用语言描述的过程立体化，使学生可以在逼真的虚拟学习环境中感知知识。但是，大多课堂教学应用研究是分析虚拟现实技术在具体课程中的优势，并进行简单的教学应用，少部分对虚拟现实技术在整个课程中应用的教学设计和实践经验进行了总结。

二是实验实训中的应用研究。它指利用虚拟现实技术在计算机上模拟各种虚拟实验室和虚拟实训场地，学习者可随时随地在虚拟实验室或虚拟实训场地中反复练习。主要有如下几类研究：①结合实验实训教学实践总结出虚拟实验实训软件或平台开发需求，对 VR 在职业教育实验实训教学中的应用前景进行总结和展望，如虚拟现实模式下的职业教育实验教学、虚拟现实技术在高职实践训练中的应用等；②少数研究进行了实践应用，但仅限桌面虚拟现实技术应用，也即简单虚拟实验实训资源的简单应用。

此外，虚拟现实技术在职业教育中的应用其他方面的研究具有如下特点：

（1）对学生能力培养的影响成为焦点之一。

（2）教学效果评价有待聚焦。

（3）虚拟实验实训平台开发研究极少。

（4）教学资源开发研究极少。

（5）虚拟现实专业建设研究不多。

5.1.2 虚拟现实技术在职业教育中应用的重要性

教育信息化是目前国家教育发展的重要方向，职业教育中信息化除传统的理论教育应用外，在职业教育的重点实训、实践教学中应用依然有限，那么如何将新型的 AR、VR 等信息化手段应用到职业教育的实践课程中显得尤为必要。AR、VR 技术作为高新信息化技术手段，可以为职业教育解决实践教育资源缺乏的难题，所以职业教育在信化建设过程中应该重视 AR、VR 技术的深入应用和研究。

AR、VR 技术能够为职业教育的应用人才培养提供更加明确的方向，由于职业教育是以实践与理论相结合为核心的市场导向性教育，学生的实际操作能力直接决定其自身技术应用的熟练度，因而 AR、VR 技术可以帮助职业院校在自身经费、师资力量有限的条件下，通过虚拟现实系统来帮助学生在实际动手实践上达到操作的教学要求。同时，AR、VR 技术可以让学生有更真实的实践学习体验，对于帮助学生理解晦涩的专业知识以及特定环境下的技能训练而言，有着难以替代的作用。因此，AR、VR 技术可以与职业教育相结合，创设虚拟场景，为学生提供实际可感的实践环境，以推动其深度研究学习。

根据《职业教育提质培优行动计划（2020—2023 年）》和《关于开展职业教育示范性虚拟仿真实训基地建设工作的通知》，经职业院校自愿申报、省级教育行政部门推荐、线上线下专家遴选、公示等环节，确定了 215 个职业教育示范性虚拟仿真实训基地培育项目，如表 7-1 所示。

表 7-1 职业教育示范性虚拟仿真实训基地培育项目名单

序号	省份	学校名称	基地名称
1	北京市	北京电子科技职业学院	高端装备智能制造与维护虚拟仿真实训基地
2	北京市	北京工业职业技术学院	城市智能设备技术应用与智慧建造虚拟仿真实训基地
3	北京市	北京交通运输职业学院	智能车路协同技术虚拟仿真实训基地
4	北京市	北京农业职业学院	食品安全示范性虚拟仿真实训基地
5	天津市	天津市职业大学	天津职业大学虚拟仿真公共实训基地
6	天津市	天津医学高等专科学校	卫生职业教育示范性虚拟仿真实训基地
7	天津市	天津轻工职业技术学院	先进制造与新能源技术专业群职业教育示范性虚拟仿真实训基地
8	天津市	天津铁道职业技术学院	智能轨道交通运维虚拟仿真实训基地
9	天津市	天津城市职业学院	"智慧康养"社区居家养老示范性虚拟仿真实训基地
10	天津市	天津电子信息职业技术学院	智能制造虚拟仿真实训基地
11	天津市	天津现代职业技术学院	无人机全产业链虚拟仿真实训基地
12	天津市	天津交通职业学院	城市智能交通虚拟仿真实训基地
13	天津市	天津渤海职业技术学院	绿色生态化工虚拟仿真实训基地
14	天津市	天津机电职业技术学院	VR＋航空工程职业教育示范性虚拟仿真实训基地
15	河北省	河北交通职业技术学院	城市轨道交通智慧运维示范性虚拟仿真实训基地

续表

序号	省份	学校名称	基地名称
16	河北省	石家庄铁路职业技术学院	高速铁路工程智能建造虚拟仿真实训基地
17	河北省	河北化工医药职业技术学院	智能化工过程虚拟仿真实训基地
18	河北省	河北工业职业技术大学	绿色钢铁智能生产示范性虚拟仿真实训基地
19	河北省	河北城乡建设学校	现代建筑技术仿真实训基地
20	河北省	唐山工业职业技术学院	动车组检修技术专业群虚拟仿真实训基地
21	河北省	河北软件职业技术学院	云计算技术应用专业职业教育虚拟仿真实训基地
22	河北省	石家庄职业技术学院	数字建筑集成应用虚拟仿真实训基地
23	河北省	唐山职业技术学院	义齿加工虚拟仿真实训基地
24	山西省	山西工程职业学院	黑色冶金技术虚拟仿真实训基地
25	山西省	山西水利职业技术学院	VR+现代水利专业群虚拟仿真实训基地
26	内蒙古自治区	内蒙古电子信息职业技术学院	基于城市数据大脑的智慧交通车路协同虚拟仿真实训基地
27	内蒙古自治区	内蒙古机电职业技术学院	智慧电力系统虚拟仿真实训基地
28	内蒙古自治区	内蒙古建筑职业技术学院	智能建造虚拟仿真开放性实训基地
29	辽宁省	辽宁省交通高等专科学校	道路桥梁虚拟仿真实训基地
30	辽宁省	沈阳职业技术学院	高端装备智能制造虚拟仿真实训基地
31	辽宁省	辽宁轻工职业学院	智慧财商职业教育虚拟仿真实训基地
32	辽宁省	辽宁石化职业技术学院	智能化工虚拟仿真实训基地
33	辽宁省	辽宁铁道职业技术学院	高速铁路智能建造与运行维护综合虚拟仿真实训基地
34	辽宁省	辽宁装备制造职业技术学院	智能制造技术虚拟仿真实训基地
35	辽宁省	渤海船舶职业学院	船舶智能制造虚拟仿真实训基地
36	辽宁省	辽宁机电职业技术学院	仪器仪表与自动化虚拟仿真实训基地
37	辽宁省	辽宁农业职业技术学院	现代牧业职业教育示范性虚拟仿真实训基地
38	吉林省	长春汽车工业高等专科学校	智能网联新能源汽车虚拟仿真实训基地
39	吉林省	吉林工业职业技术学院	石油化工虚拟仿真实训基地
40	吉林省	吉林铁道职业技术学院	高寒高铁专业群虚拟仿真实训基地
41	吉林省	长春市机械工业学校	汽车技术服务专业群虚拟仿真实训基地（VR实训共享中心）
42	黑龙江省	哈尔滨铁道职业技术学院	城市轨道交通工程施工虚拟仿真实训基地

续表

序号	省份	学校名称	基地名称
43	黑龙江省	黑龙江建筑职业技术学院	智慧建造虚拟仿真实训教学中心
44	黑龙江省	黑龙江农业经济职业学院	农业经济数智化运营职业教育虚拟仿真实训基地
45	黑龙江省	哈尔滨职业技术学院	智能制造虚拟仿真实训基地
46	黑龙江省	黑龙江职业学院	工业机器人虚拟仿真实训基地
47	上海市	江南造船集团职业技术学校	高新舰船制造虚拟仿真实训基地
48	上海市	上海工艺美术职业学院	长三角工艺美术虚拟仿真实训创新基地
49	上海市	上海市工业技术学校	5G＋智能制造（航天领域）虚拟仿真实训基地
50	上海市	上海信息技术学校	智能制造虚拟仿真实训基地
51	上海市	上海电子信息职业技术学院	5G移动通信职业教育示范性虚拟仿真实训基地
52	上海市	上海市城市建设工程学校（上海市园林学校）	盾构施工虚拟仿真实训基地
53	上海市	上海石化工业学校	危化安全虚拟仿真实训基地
54	江苏省	无锡职业技术学院	智能制造虚拟仿真实训基地
55	江苏省	江苏海事职业技术学院	长三角现代航海技术虚拟仿真实训基地
56	江苏省	南京交通职业技术学院	绿色智慧交通建造虚拟仿真实训基地
57	江苏省	常州信息职业技术学院	基于工业互联网的云制造虚拟仿真实训基地
58	江苏省	南京工业职业技术大学	智能制造职业教育虚拟仿真实训基地
59	江苏省	苏州工艺美术职业技术学院	数字非遗虚拟仿真实训基地
60	江苏省	江苏农林职业技术学院	现代农林虚拟仿真实训基地
61	江苏省	南京科技职业学院	现代化工虚拟仿真实训基地
62	江苏省	苏州工业职业技术学院	智能车间装备集成与应用技术虚拟仿真实训基地
63	江苏省	常州机电职业技术学院	汽车关键零部件智能制造虚拟工厂
64	浙江省	浙江交通职业技术学院	交通运输安全虚拟仿真实训基地
65	浙江省	浙江机电职业技术学院	轨道交通智能运维虚拟仿真实训基地
66	浙江省	金华职业技术学院	智能化精密制造虚拟仿真实训基地
67	浙江省	温州职业技术学院	现代设计虚拟仿真实训基地
68	浙江省	浙江建设职业技术学院	智慧建造虚拟仿真实训基地
69	浙江省	杭州职业技术学院	特种设备虚拟仿真实训基地
70	浙江省	浙江国际海运职业技术学院	现代航运虚拟仿真实训基地
71	浙江省	浙江旅游职业学院	现代旅游虚拟仿真实训基地
72	浙江省	浙江纺织服装职业技术学院	现代纺织与时尚服装职业教育虚拟仿真实训基地
73	浙江省	宁波第二技师学院	先进制造业智能虚拟仿真实训基地

续表

序号	省份	学校名称	基地名称
74	安徽省	安徽机电职业技术学院	智能制造虚拟仿真实训基地
75	安徽省	安徽商贸职业技术学院	新零售虚拟仿真实训基地
76	安徽省	安徽医学高等专科学校	智慧医学虚拟仿真实训基地
77	安徽省	合肥职业技术学院	机械设计与制造虚拟仿真实训基地
78	安徽省	合肥市现代职业教育公共实训中心	合肥市现代职业教育公共实训中心实训基地
79	安徽省	芜湖职业技术学院	VR+示范性虚拟仿真实训基地
80	安徽省	安徽工商职业学院	智能制造虚拟仿真实训基地
81	安徽省	安徽职业技术学院	高分子材料生产工艺及其装备制造职业教育示范性虚拟仿真实训基地
82	福建省	福建船政交通职业学院	交通安全虚拟仿真实训基地
83	福建省	福建信息职业技术学院	AIoT（人工智能与物联网）虚拟仿真实训基地
84	福建省	福州职业技术学院	新一代信息技术虚拟仿真实训基地
85	福建省	黎明职业大学	"新材料+"智慧教学与虚拟仿真实训基地
86	福建省	漳州职业技术学院	漳州职业技术学院虚拟仿真实训基地
87	福建省	福建水利电力职业技术学院	智慧水电虚拟仿真实训基地
88	福建省	泉州医学高等专科学校	医学虚拟仿真实训基地
89	福建省	福建林业职业技术学院	园林园艺综合虚拟仿真实训基地
90	福建省	三明医学科技职业学院	三明市虚拟仿真公共实训基地
91	江西省	九江职业技术学院	船舶及配套数字化制造虚拟仿真实训基地
92	江西省	江西应用技术职业学院	智慧国土国家虚拟仿真实训基地
93	江西省	江西现代职业技术学院	绿色智能建造虚拟仿真实训基地
94	江西省	宜春职业技术学院	赣西综合性虚拟仿真实训基地
95	江西省	江西软件职业技术大学	职业本科虚拟仿真示范实训基地
96	江西省	江西财经职业学院	华东智慧金融职业教育虚拟仿真实训基地
97	江西省	江西交通职业技术学院	交通智能建造示范性虚拟仿真实训基地
98	江西省	江西环境工程职业学院	林业专业群虚拟仿真实训基地
99	江西省	抚州职业技术学院	抚州职业教育虚拟仿真示范基地
100	山东省	济南职业学院	智能制造虚拟仿真实训基地
101	山东省	淄博职业学院	智能制造示范性虚拟仿真实训基地
102	山东省	山东商业职业技术学院	现代商贸流通服务示范性虚拟仿真实训基地
103	山东省	日照职业技术学院	智慧海洋渔业职业教育虚拟仿真实训基地

续表

序号	省份	学校名称	基地名称
104	山东省	威海职业学院	威海职业学院综合虚拟仿真实训基地
105	山东省	山东职业学院	综合立体交通虚拟仿真实训基地
106	山东省	莱芜职业技术学院	粉末冶金智能制造虚拟仿真实训基地
107	山东省	潍坊职业学院	潍坊职业学院智能装备虚拟仿真实训基地
108	山东省	山东理工职业学院	新能源装备虚拟仿真实训基地
109	山东省	济宁职业技术学院	工程机械智能制造虚拟仿真实训基地
110	河南省	郑州铁路职业技术学院	高速铁路智能运维虚拟仿真实训基地
111	河南省	黄河水利职业技术学院	测绘地理信息虚拟仿真实训基地
112	河南省	河南农业职业学院	现代农业职业教育虚拟仿真实训基地
113	河南省	河南工业职业技术学院	建筑工程施工全过程虚拟仿真实训基地
114	河南省	河南职业技术学院	智能化制造技术职业教育虚拟仿真实训基地
115	河南省	许昌职业技术学院	绿色智能制造虚拟仿真实训基地
116	河南省	河南交通职业技术学院	智能新能源汽车技术虚拟仿真实训基地
117	河南省	河南机电职业学院	机电设备运维虚拟仿真实训基地
118	河南省	郑州职业技术学院	新能源汽车虚拟仿真实训基地
119	河南省	平顶山工业职业技术学院	智慧矿山 AR-VR 协同交互虚拟仿真实训基地
120	湖北省	武汉职业技术学院	光电智能制造产业仿真实训基地
121	湖北省	湖北职业技术学院	护理虚拟仿真实训基地
122	湖北省	武汉船舶职业技术学院	船舶智能制造虚拟仿真实训基地
123	湖北省	武汉铁路职业技术学院	高速铁路动车组技术虚拟仿真实训基地
124	湖北省	黄冈职业技术学院	建筑钢结构工程技术专业群仿真实训基地
125	湖北省	武汉城市职业学院	教师教育示范性虚拟仿真实训基地
126	湖北省	咸宁职业技术学院	智能制造虚拟仿真实训基地
127	湖南省	湖南工业职业技术学院	工程机械智能制造虚拟仿真实训基地
128	湖南省	长沙民政职业技术学院	长沙民政职业技术学院虚拟仿真实训基地
129	湖南省	长沙航空职业技术学院	航空职业教育虚拟仿真实训基地
130	湖南省	湖南铁路科技职业技术学院	轨道交通国际共享示范性虚拟仿真实训基地
131	湖南省	湖南铁道职业技术学院	轨道交通装备制造与运用虚拟仿真实训基地
132	湖南省	湖南交通职业技术学院	交通建设安全生产虚拟仿真实训基地
133	湖南省	湖南城建职业技术学院	"智能建造"虚拟仿真实训基地
134	湖南省	湖南工程职业技术学院	建筑施工示范性虚拟仿真实训基地

续表

序号	省份	学校名称	基地名称
135	广东省	广东工贸职业技术学院	测绘地理信息技术职业教育示范性虚拟仿真实训基地
136	广东省	广州番禺职业技术学院	广州番禺职业技术学院公共虚拟仿真实训基地
137	广东省	广州铁路职业技术学院	职业教育轨道交通虚拟仿真实训基地
138	广东省	深圳职业技术学院	智能ICT虚拟仿真实训基地
139	广东省	顺德职业技术学院	面向数字化工厂的智能制造类专业群虚拟仿真实训基地
140	广东省	广东机电职业技术学院	面向先进装备制造产业链的职业教育虚拟仿真实训基地
141	广东省	深圳信息职业技术学院	5G全场景全业务职业教育示范性虚拟仿真实训基地
142	广东省	广东轻工职业技术学院	工业互联网虚拟仿真实训基地
143	广东省	广东职业技术学院	基于纺织服装全产业链的职业教育虚拟仿真实训基地
144	广东省	广东水利电力职业技术学院	水利水电工程虚拟仿真教学中心
145	广东省	东莞职业技术学院	智能建造虚拟仿真实训基地
146	广东省	肇庆医学高等专科学校	基层公共卫生与健康服务示范性虚拟仿真实训基地
147	广东省	河源理工学校	河源理工学校虚拟仿真实训基地
148	广西壮族自治区	南宁职业技术学院	智能建造与5G通信虚拟仿真实训基地
149	广西壮族自治区	柳州铁道职业技术学院	高速铁路列车运行自动控制虚拟仿真实训基地
150	广西壮族自治区	柳州职业技术学院	智能装备技术虚拟仿真实训基地
151	广西壮族自治区	广西交通职业技术学院	西部陆海新通道（广西）综合交通运输虚拟仿真实训基地
152	广西壮族自治区	广西理工职业技术学校	中等职业教育建筑技术虚拟仿真实训基地
153	广西壮族自治区	广西电力职业技术学院	电力技术虚拟仿真实训基地
154	海南省	海南经贸职业技术学院	职业教育虚拟仿真实训基地
155	海南省	海南职业技术学院	装配式建筑虚拟仿真实训基地
156	海南省	海南省机电工程学校	汽修专业虚拟仿真实训基地
157	海南省	海南省工业学校	汽车专业群综合虚拟仿真实训基地
158	重庆市	重庆医药高等专科学校	重庆智慧健康职业教育虚拟仿真实训基地

续表

序号	省份	学校名称	基地名称
159	重庆市	重庆工业职业技术学院	装备制造智能化虚拟仿真实训基地
160	重庆市	重庆工程职业技术学院	智能装备与先进制造虚拟仿真实训基地
161	重庆市	重庆航天职业技术学院	军民融合航空维修与飞行服务虚拟仿真实训基地
162	重庆市	重庆工商职业学院	跨专业超融合数字孪生型虚拟仿真实训基地
163	重庆市	重庆电子工程职业学院	集成电路专业群虚拟仿真实训基地
164	重庆市	重庆水利电力职业技术学院	水利水电智能化虚拟仿真实训基地
165	重庆市	重庆城市管理职业学院	智慧民生虚拟仿真实训基地
166	四川省	成都航空职业技术学院	航空装备智能制造与维修虚拟仿真实训基地
167	四川省	四川工程职业技术学院	重大技术装备材料成型虚拟仿真实训基地
168	四川省	四川建筑职业技术学院	中澳共建装配式建筑虚拟仿真实训基地
169	四川省	成都农业科技职业学院	畜牧兽医专业群虚拟仿真实训中心
170	四川省	四川交通职业技术学院	交通智能建造虚拟仿真实训基地
171	四川省	成都职业技术学院	智慧+现代服务业集群虚拟仿真实训基地
172	四川省	四川邮电职业技术学院	"5G＋云网融合"新一代信息通信技术虚拟仿真实训基地
173	四川省	成都工业职业技术学院	轨道交通虚拟仿真实训基地
174	四川省	宜宾职业技术学院	"匠心善酿"虚拟仿真实训基地
175	四川省	四川护理职业学院	护理虚拟仿真实训基地
176	四川省	四川化工职业技术学院	现代化工虚拟仿真实训基地
177	贵州省	贵州交通职业技术学院	喀斯特山地道路智能"建-养-运"虚拟仿真实训基地
178	贵州省	贵州建设职业技术学院	智能建造虚拟仿真实训基地
179	贵州省	贵州工业职业技术学院	科技竞技虚拟仿真实训基地
180	云南省	昆明冶金高等专科学校	有色冶金智能制造职业教育示范性虚拟仿真实训基地
181	云南省	云南机电职业技术学院	装备制造业示范性虚拟仿真实训基地
182	云南省	曲靖医学高等专科学校	医学虚拟仿真实训教学基地
183	云南省	昆明铁道职业技术学院	高速铁路示范性虚拟仿真实训基地
184	西藏自治区	西藏职业技术学院	西藏职业技术学院虚拟仿真实训基地
185	西藏自治区	林芝市职业技术学校	林芝职校旅游产业虚拟仿真实训基地

续表

序号	省份	学校名称	基地名称
186	西藏自治区	昌都市职业技术学校	昌都市职业技术学校虚拟仿真实训基地（藏医医疗与藏药 护理 建筑工程施工 学前教育）
187	陕西省	陕西工业职业技术学院	智能制造与智能成型示范性虚拟仿真实训基地
188	陕西省	陕西铁路工程职业技术学院	高速铁路智慧建造虚拟仿真实训基地
189	陕西省	西安铁路职业技术学院	轨道列车智能运行与维护系统虚拟仿真综合实训基地
190	陕西省	陕西交通职业技术学院	综合交通建设与运维虚拟仿真实训基地
191	陕西省	陕西国防工业职业技术学院	智能制造虚拟仿真实训基地
192	陕西省	西安航空职业技术学院	飞行器维修与数字化制造技术职业教育示范性虚拟仿真实训基地
193	甘肃省	兰州资源环境职业技术学院	智慧气象技术职业教育虚拟仿真实训基地
194	甘肃省	兰州石化职业技术学院	石油化工过程虚拟仿真中心
195	甘肃省	甘肃卫生职业学院	护理专业职业教育虚拟仿真实训基地
196	甘肃省	甘肃林业职业技术学院	人工智能背景下的林业信息工程专业群虚拟仿真实训基地
197	甘肃省	兰州职业技术学院	智能制造技术职业教育虚拟仿真实训基地
198	甘肃省	酒泉职业技术学院	酒泉职业教育产教融合示范区共享型虚拟仿真实训基地
199	甘肃省	甘肃交通职业技术学院	道桥虚拟仿真实训基地
200	甘肃省	甘肃机电职业技术学院	智能制造虚拟仿真实训基地
201	甘肃省	甘肃建筑职业技术学院	建筑工程技术专业群虚拟仿真实训基地
202	青海省	青海交通职业技术学院	高原高寒车路协同虚拟仿真实训基地
203	青海省	青海卫生职业技术学院	高原民族地区智慧医学虚拟仿真实训基地
204	青海省	青海建筑职业技术学院	建筑全产业链虚拟仿真实训基地
205	青海省	西宁城市职业技术学院	高原生态旅游虚拟仿真实训基地
206	青海省	青海省水电职业技术学校	基于混合现实技术的机电虚拟仿真综合实训基地
207	宁夏回族自治区	宁夏工商职业技术学院	现代煤化工虚拟仿真实训基地
208	宁夏回族自治区	宁夏工业学校	智能制造数字孪生虚拟仿真实训基地

续表

序号	省份	学校名称	基地名称
209	宁夏回族自治区	宁夏职业技术学院	现代畜牧兽医专业虚拟仿真实训基地
210	新疆维吾尔自治区	新疆农业职业技术学院	职业教育旱区现代农业示范性虚拟仿真实训基地
211	新疆维吾尔自治区	克拉玛依职业技术学院	石油和石化专业群虚拟仿真实训基地
212	新疆维吾尔自治区	新疆工业职业技术学院	服务丝绸之路经济带核心区建设职业教育智能制造示范性虚拟仿真实训基地
213	新疆维吾尔自治区	新疆交通职业技术学院	新疆交通建设与管理专业群职业教育示范性虚拟仿真实训基地
214	新疆维吾尔自治区	巴音郭楞职业技术学院	石油石化虚拟仿真实训基地
215	新疆生产建设兵团	新疆石河子职业技术学院	数字农业技术虚拟仿真实训基地

5.1.3 VR 在职业教育教学中的应用

5.1.2.1 在教学中的应用

在教学方面，虚拟现实可以大显身手。当教师试图把一些设备的内部结构和运作动态展现给学生时，可以借助简单成熟的虚拟现实技术，为学生营造一种身临其境的体验环境，方便他们观察和学习，无论是对自然物理学科还是社会学科都有积极的现实意义。搭建教学模拟环境的首要任务是对真实世界中的被模拟对象进行建模，然后借助计算机程序来表达此模型，通过运算和辅助设备得到输出。这些输出就是我们需要的，能够较为形象和粗略地反映出真实世界的特征和行为。借助虚拟现实的教学事实上是一种含金量非常高的 CAI（计算机辅助教学）教学模式。

当然，现阶段受技术及经济可行性的限制，在教学中应用的虚拟现实技术还处于一个比较初级的阶段，如 3D 环境展示等，这些虚拟现实技术大部分属于桌面级的。所谓桌面级虚拟现实是利用普通计算机和外围辅助设备进行虚拟模仿，用户通过计算机的显示屏来观察虚拟环境，更进一步的是用各种外围辅助设备来操纵虚拟环境中的各种物体和切换角色。常见的外围辅助设备包括鼠标、操纵柄、追踪球、力矩杆等。参与体验的人借助位置跟踪器加上一个类似于鼠标、追踪球的手控输入设备，通过计算机显示器来360度地观察虚拟环境，并可以模拟操控环境中的物体。不过这种虚拟环境中体验者仍然不可避免地受到现实环境中的各种干扰，无法真正全身心投入其中。缺乏完全投入的体验是目前桌面级虚拟现实技术的最大弊端，优点是有着相对低廉的成本，方便推广，对一些理工科，特别是工程类课程的教学工作比较适用。

下面以一套计算机硬件设备为基础展示桌面级虚拟环境下的计算机安装、维修调试工作为例。设计之初，我们可以借助软件进行三维建模，真实再现计算机的各个硬件设备，然后借助程序设计语言，赋予计算机每个硬件物品相对应的真实性能和形状指标参数，这样一套用于计算机硬件设备教学的简单虚拟现实系统就搭建成了，该系统可用于计算机硬件设备的安装、维修调试等知识的教学。当然这个系统设计过程随着仿真程度越高也将越复杂，投入的各种资源也将越多。

体验者使用这个 VR 系统时，扮演第一人称角色，进入计算机三维建模形成的场景中。体验者可 360 度无死角地围绕计算机进行观察。当利用鼠标等操纵设备点击了计算机一个部件时，屏幕将提示该设备的名称及功能。在该配件上单击鼠标右键将弹出便捷式菜单，内容选项包括提取部件等。使用该功能后，计算机其他部件将被隐藏起来，该部件单独呈现出来，体验者可旋转鼠标放大和缩小该部件。对于计算机硬件安装调试的教学，可以将提前拍摄的视频，或制作的动画接入系统以讲解的方式来演示，而且在视频或动画的演示过程还要实现暂停、继续、快进、倒退等功能。为了提高体验者的学习效果，可以设计多个硬件设备故障，要求体验者以第一人称视角在规定检修时间内，按照预设的操作顺序检查计算机硬件设备，模拟实际的计算机硬件检修过程。体验者用鼠标选中一个部件时，屏幕会提示这个设备的名称、方位数据。当发现该设备有问题，确认故障后，显示屏上会提示问题原因和故障数量等。

随着未来科技的进步和相关技术的实用化，我们在教学过程中可以更进一步采用浸入式的虚拟现实技术，实现更为高端的虚拟现实。未来的高级虚拟现实系统可以实现完全投入的深度体验，让学生感觉跨越时空界限，体验完全置身于虚拟世界之中的情景。目前这类设备主要借助头盔显示器等，把参与者的视觉、听觉甚至触觉与现实环境隔断开来，让感官切换到一个新的、虚拟的空间中。体验者可以借助位置跟踪器，佩戴的数据传感手套、声音、或其他手控输入设备等获得一种身临其境的体验，这样会产生沉浸其中的感觉，就能很容易达到全身心投入的状态，不被外界干扰。这样的技术完全隔断了周围现实环境的影响，真正实现感同身受，给学生完全"真实"的感官体验，学习效果可想而知。

5.1.2.2 VR 实验室的实现

虚拟现实技术还可以用来制作方便学生进行虚拟实验的实验系统，即虚拟实验室，包括与现实实验室相对应的虚拟实验室环境、所需的实验设备器具、信息资源和实验对象等。在虚拟现实搭建的实验室中，学生进入实验场景，能够从不同的视角观察实验对象，可以借助鼠标或操作柄进行选择或拖曳等操作，与虚拟实验中的物体进行一定的互动。

（1）仿真实验

实验教学是人才培养的重要环节，在工程型人才培养过程中有着重要地位和特殊作用。在信息化环境下，将虚拟仿真实验平台应用于实验教学，目的是以基于网络的虚拟技术为手段探索开放式实验教学模式，培养学生的实践能力和创新能力，促进学生知识、能力、素质的综合发展，引领本领域虚拟教学平台建设，满足现代通信与网络高速发展下专业人才培养需求。该平台的应用打破了传统实验课程时间和空间的限制，促进了实验课程建设，并在一定程度上改变了人才培养模式和学生的学习方式，取得了一些教学成果和初步成效。

例如，某校基于校园网搭建虚拟仿真实验平台，针对通信技术迅速发展所呈现的"多元化和网络融合化"趋势，秉承该校培养学生具备"大通信、大网络"全程全网通信视野与知识的教学传统，探索构建"虚拟化、网络化、开放化"的教学实验平台创新思路，以培养信息通信类专业学生的实践能力和创新能力为目标，打造"以人为本，激励创新，目标驱动，融会贯通"的实验教学平台，形成"系列化、层次化、规范化"的信息化实验教学模式。通过建立"虚拟化"的通信与网络实验环境，构建与传统的硬件实验"虚实结合"的通信与网络仿真平台，该实验平台包括 4 个子实验平台（软件定义网络实验平台、云计算平台、全程全网实验平台、虚拟仪器平台）和 1 个教学支撑平台。

虚拟仿真实验教学平台利用虚拟化手段辅助实验教学，提升了教学信息化程度，提升了学生学习体验。该平台从各个教学内容的教育规律出发，提供了验证型、设计型、综合型、创新型等多种形式的虚拟仿真实验。学生可以远程登录到虚拟仿真实验服务器进行远程虚拟实验,也可以随时随地进行离线仿真实验;可以到实验室在教师指导下进行纯虚拟仿真实验,也可以在实验室进行虚实结合实验。教师则可以在课堂中登录到远程服务器对虚拟仪器仪表或虚拟网络进行操作控制,给学生进行现场演示。

该校通信和计算专业基础课及专业课普遍采用了虚拟仿真类实验,主要课程包括"通信原理""通信系统仿真与实现""通信网理论基础""现代通信技术""移动通信""卫星通信""移动网络的仿真与规划""光通信系统""光网络技术""天线与电波传播""微波与光传输""信息与通信系统仿真""计算机网络""网络与交换技术""交换网络性能分析""网络管理与监控""网络流量监测""多媒体技术与应用""多媒体通信""移动多媒体""多媒体网络编程""计算机通信与网络""语音信号处理""数字图像处理""LabVIEW 虚拟实验系统的设计""Linux 操作系统""物联网与无线传感网络",实践环节包括"专业实习""认知实习"和"课程设计"。

目前,该校开设的虚拟仿真类实验项目已占到学生全部实验的 50%以上。虚拟仿真实验将许多原来不可及的实验引入实践教学,如蜂窝网络、无线信道、LDPC 编解码、路由协议、物理层通信的细节过程等,使实验内容的覆盖与传统相比有了极大的扩展,提升了学生的教育质量。另外,该校对虚拟仿真实验的开展不仅停留在远程登录服务器进行实验操作上,更侧重学生自主开发虚拟仿真内容,进而锻炼了学生的创新开发能力。

在实验教学中借助数字化的仿真科技可以搭建虚拟实验室教学系统。一套完整的虚拟实验教学系统由前台和后台组成,后台实现实时仿真,前台是通过多媒体展现的虚拟化操作环境。在搭建虚拟仿真实验平台时,应根据当前条件和需求,选择相应的仿真开发工具。

(2)支持技术

现在 VR 技术发展非常迅猛,就目前来说,国内外对虚拟实验室的开发一般采用以下几种方法:

①使用 Java+VRML 组合开发

Java 因为其强大的跨平台特性,成为开发应用软件的主要工具,是一种纯粹的面向对象的开发工作。VRML(虚拟现实建模语言)是对虚拟环境里各种对象的特征进行建模和描述,是用于虚拟现实的建模语言。采用 Java+VRML 混合编程是实现较复杂动态场景控制等高级交互功能的有效方法。这种开发方式成本较高,要求客户端提供如感应头盔、触觉手套等大量的专业的设备,也要求计算机具有很高的性能,所以搭建基于

Java＋VRML 的虚拟实验是一个较为复杂和开销比较大的过程。

②使用 ActiveX 开发控件

微软公司为适应现代网络需求的迅猛发展，将 OLE（对象链接与嵌入）技术在 Internet 重新定义，这就是 ActiveX 技术的由来。代码可复用性在开发虚拟实验室过程中非常重要，因此可以利用现有的 VB、VC＋、Builder、Delphi 等支持 COM 规范的任意开发工具来开发 ActiveX 控件。但是 ActiveX 没有良好的移植性和通用性，因为其只能在 Microsoft Windows 的操作系统平台上运行。

③使用 Quick Time VR 技术开发

Quick Time VR 是基于静态图像处理的实景建模技术，也是虚拟现实技术。该技术利用离散数据，如数字图像、照片、数字图像、录像等，来搭建三维空间及三维物体的造型，构造虚拟环境，以达到可全方位观察的效果，使得感觉更真实、图像更丰富、细节特征更鲜明。利用 Quick Time VR 开发虚拟实验室，制作简单、开发周期短，有较强的可控性。

④使用 Flash 开发

Flash 容量小、缩放不变形，有良好的兼容性，能直接嵌入 Action Script 脚本。而且 Flash 具有功能强悍的工作组，可实现自动对 Flash 网站的数据驱动进行更新，这样为程序员节约了大量的开发时间。因此，目前来说 Flash Action Script 是用于开发网上教学虚拟实验室的简单实用的平台之一。

（3）功能模块设计

无论是什么学科的虚拟实验系统，都由三个功能模块组成：

一是网络服务。登录该系统后学生可自主选择将要进行的实验，并根据实际需要获得相关的指导。

二是仿真实验。学生挑选相关的仿真实验，在仿真实验室系统的提示下展开相关的操作，仔细学习操作过程，观察实验现象，分析实验结果。

三是数据库。为虚拟实验系统提供相关的数据服务。

5.1.2.3 VR 课件制作

面对新兴技术，难免会有人质疑：筹备 VR 课件会不会对技术和成本提出很高要求？其实，VR 课件制作并不像想象中的那么复杂，甚至不会比传统的 PPT 制作更复杂。

通过 VR 课件制作中心，教师可采用可视化逻辑编程，无须触碰任何编程代码，即可实现快速编辑 VR 课件的内容。

VR 课件制作中心是集高性能计算机工作站、HTC Vive 虚拟现实头戴显示器、一体机 Focus 等高端硬件设备及沉浸式课件编辑平台 VMaker Editor、逻辑编辑器 VR-PPT 等专业创作软件平台于一体的虚拟现实内容制作环境，能够支持绝大多数交互式实训。

VR 课件制作中心按功能分为 VR 课件制作模块和 VR 课件测试环境模块。前者主要由计算机和 VR 应用软件构成，支持沉浸式认知课件和交互式实训课件的制作；后者主要是针对制作出的 VR 课件做测试，包括单个课件内容的测试和教学环境推送体验教学的测试，最终实现课件的制作开发及支持教学的功能。

VR-PPT 是一款虚拟现实内容编辑应用软件，以简易、高效、即编即用为目的，以使 VR 课堂更生动为基础，解决展示效果到后期复杂交互的难题。使用者使用 VR-PPT 所提供的编辑场景与模型素材，可以进行绝大部分以浏览器展示为核心的课件编辑及以交互为核心的 VR 实训课件编辑。

VR Maker 沉浸式课件编辑平台是基于自然交互技术（包括裸手交互、眼控凝视交互、3-DoF/6-DoF 控制器）的沉浸式素材（包括全景素材、次世代模型素材）与 2D 内容（包括文字、图片、音视频等）的混合编辑工具。用户能够基于 PPT 的使用习惯，借助 2D 内容快速、简单地编辑课件知识点（或直接导入已经编排好的 PPT 文件），然后利用动效编辑功能与对象管理功能，将 2D 内容与沉浸式素材关联，进而实现沉浸式环境下的自然交互教学。

通过这些软硬件的帮助，教师可以方便快捷地制作 VR 课件。这些软件上手容易，成品效果好，明显优于传统课件的制作。

5.1.2.4 VR 教室

VR 教室已经有不少实践和应用，如复杂静物一键式快速建模实验室、虚拟现实金工实训中心、虚拟现实开放实验室等。VR 教室主要有两种类型：第一种是专业实训实验室，这种 VR 教室大多通过对场景的模拟仿真为学生提供一个虚拟的专业实训环境，让学生随时随地更方便高效地锻炼专业技能，同时能避免真实的高危环境带来的风险；第二种是学习型实验室，这种 VR 教室将课程的重点、难点更直观地还原展现给学生，通过视觉和听觉的冲击，学生会更有沉浸感，会加深对学习内容的理解与掌握，达到更好的学习效果。

专业实训实验室主要面向高等教育。目前，有些学校经费有限，无法满足每个学生都能多次进行实训的要求。同时，有些专业实训环境中有大量的有毒物质，若学生长时间暴露在这样环境中，则势必会影响其身体健康。因此，由于条件有限和考虑学生的安全问题，学校会尽力压缩学生的实操实训的时间，学生无法从多次实训中获得经验，远远达不到实训的目的。现在，VR 技术为学校和学生解决了这个问题，新兴虚拟现实技术和传统模拟仿真技术为学习人员创造了一个安全、沉浸、效率高、低成本的虚拟工作间，学习者可以通过全仿真的环境和器具、精确的数字化结果显示、各角度的过程回放、辅导教师的教导，一步步地修正自己的操作，从基础课程开始进行练习，依次经历中、高级课程，最后再进行自由练习，为在现实中的实操打好坚实的基础。例如，喷漆、焊接、汽车发动机维修等专业实训课程，都可以通过 VR 教室让学生进行实操练习。

VR 技术提供的专业实训实验室克服了传统教学的一些弊端，提高了安全性和学习效率，节省了成本，全程无污染，符合未来发展趋势。

学习型教室则更为普遍，下面以能实现多人交互、多人同步和实时互动的 VR 开放实验室为例。VR 开放实验室是基于虚拟现实技术软件系统及 VR 一体机整体设计的虚拟现实教学与实训环境。该实验室由 HTC Focus 虚拟现实一体机、高性能服务器、教室定制化触碰交互集控台、充电同步一体化储存柜、高性能企业级路由器、高密度无线网络设备以及教室整体空间设计与布局于一体，支持学校开展虚拟现实沉浸式认知教学、交互式实训实操训练，创新了课堂教学模式，解决了传统教学不能支持的高成本、高风险、宏观、微观教学难题，提升了教学质量。

VR 开放实验室由多人协同教学管理系统和虚拟现实教学设备组成。其中，多人协同教学管理系统是一套虚拟现实课堂教学管理系统，由教师 PC 客户端兼教室中控服务器系统，以及师生的 VR 一体机客户端组成。该系统用于实现虚拟现实课堂教学中的教学资源播放、师生互动、教学流程管理等功能，其特点是支持师生多人在同一虚拟空间中的协同互动，使得教师讲解、师生互动研讨等教学需求在虚拟现实中成为可能。

VR 开放实验室有如下主要功能：课件下载及推送服务、一键开启/关闭课件、师生分组互动、教学资源播放控制、实操性 VR 教学、会议研讨、VR 内画面传输等。

5.1.2.5 应用举例

（1）VR 焊接训练模拟器

VR 焊接训练模拟器结合新兴虚拟现实技术和传统模拟仿真技术可以为学生创造了一个安全、沉浸、效率高的虚拟工作间。学生可以通过全仿真模拟工具和焊接场景增长自己的经验，为在现实中的实操打好坚实的基础。焊接课程是一门十分重要的实操课程，特别是在工科学校或相关专科院校，不仅能让学生学到工作技能，也能让学生在平时生活中处理焊接的简单问题。

VR 焊接训练模拟器克服了传统焊接培训种种弊端，增强了安全性，提高了学习效率，节省了成本，全程无污染，符合未来发展趋势。该模拟器的使用过程十分简单，在 PC 端完成模式的选择、焊板的选取、电压的调整之后，即可带上头盔进入虚拟工作室进行焊接训练。仿真焊枪的操作也十分简单，在虚拟空间中红线靠近焊板时，扣动扳机就能进行模拟焊接。

整个系统分为课程学习、自由练习、实景演练三个层次，学生通过由低到高的学习过程，更加容易吸收知识。同时，当学生完成焊接训练之后，可以在 PC 端看到自己的焊接水平被数字化显示，可以更加精细地微调自己的手法。事后的焊接回放更能让教师观察得更加准确，更加恰当地指出学生的某些不足之处，也能让没有教师在一旁教导的学生自学成才。

（2）VR 无人机仿真培训系统

该系统不但可满足日常教学、技能竞赛培训，还可以满足商业使用，解决社会实际需求，以实际工作项目带动教学、检验教学，同时为学生提供高仿真无人机考试环境及针对行业特色的无人机操控技术，加强学生理论与实践的结合，提高学生对无人机的实际操作水平。

VR 无人机仿真培训系统可以实现无人机训练及考试场景的选择、加载和渲染，同时为不同的培训场景及考试科目完成一系列的初始化功能，如大地形场景初始化、培训考试相应场景模型的加载、天气状态及气象条件的设定、无人机初始状态设置、无人机操作仿真功能等。

5.1.2.6 优势

在学校现有的条件下，一些针对大型机械设备，如发电设备、航空设备、核能设施、数控机床，以及一些非常昂贵的精密仪器设备等的实验，对它们进行操作与维护拆装等实验，几乎难以实现实物操作。一方面是这些物品要不过于昂贵，要不出于保密原因不面向民用；另一方面即便一些大学有建设这种实验室的资源，但维护这些设备的开销也非常大。另外，很多实验室带有一定的危险。虚拟现实技术在这里可以大显神通，较好地解决实验能提供的条件与要达到的实验效果之间的矛盾。

在进行实验时，假如要用到较多昂贵的实验器材，或者损耗巨大，出于成本的因素，学校无法大规模采用。借助虚拟现实技术，建立仿真虚拟实验室，学生就可以利用这个虚拟实验室进行仿真实验，模拟使用虚拟仪器设备，通过虚拟实验室系统来衡量操作结果，把相关结果反馈给教师。这种仿真虚拟实验不受场地和外界环境的限制，不会浪费器材，更不会造成昂贵设备的损坏，关键是在实验效果不理想时，学生可以反复地实验，直至熟练为止。虚拟现实实验室还有一个无可替代的巨大优势，就是其有绝对的安全性，几乎不可能发生人身伤害事故。

将虚拟现实技术应用于职业教育，对职业教育事业的发展具有划时代的意义。它营造了"自主学习"的环境，改变了"以教促学"的传统学习方式，通过虚拟现实来学习，学生可以将自身与信息环境直接作用来学习知识、掌握技能，这是一种新型的学习方式。在虚拟现实系统下，学生可以感受到生动、立体、传神的环境，获得直观的虚拟体验，提升学习效率，获得更为牢固的知识。与抽象而空洞的说教相比，学生亲自参与、亲身感受更加有效，因为被动地灌输与主动地交互有着质的区别。利用虚拟现实技术，可以在短时间内搭建成本低廉的各种虚拟实验室，这是传统实验室不可能达到的。具体来说，其优点主要体现在以下几个方面：

（1）节省成本

我们所说的成本包括时间成本和资金成本。不少科目的实验经常受时间、场地、经费、设备等软硬件的限制无法真正实施，借助虚拟现实实验系统，学生无须"鞍马劳顿"便可以进入所需的虚拟实验室，获得最接近真实实验的体会；而且在获得不错的教学效果的前提下，人力成本和物力资源消耗都非常少。

（2）规避风险

在现实生活中，有些真实实验或操作具有危险性。在虚拟实验环境中，学生利用虚拟现实技术不必害怕受伤，能放心地去完成实验。例如，虚拟环境下的船舶轮机教学辅助系统，可以防止学生误操作所导致的人身伤害事故的发生，并且避免了昂贵的主机和电动机等贵重设备的损毁。

（3）打破空间、时间的限制

借助虚拟现实技术，能够彻底打破时间和空间的约束。通过互联网及相关设备，学生可以在任意时间进行实验操作。

随着高校的扩大招生，很多学校设立了分校或者远程教育授课点，在这里虚拟现实系统可以大显身手，为各个教学点提供可移动的电子教学场所。校园网或互联网作为虚拟实验室的信息通道，可以让各个终端享受到持续开放的、远距离的教育。虚拟现实提供的新技术应用在高等职业培训中，可以为社会创造更多的经济效益和社会效益。随着计算机硬件设备价格越来越亲民，虚拟现实技术正在不断发展，技术越来越成熟。虚拟现实技术有着强大的教学优势和发展潜力，在不久的将来将会逐渐受到教育界的重视，获得众多教育工作者的青睐，广泛应用于教育培训领域，并发挥出独特的重大作用。

5.2 虚拟现实技术在测绘地理信息专业中的应用

在电脑相关硬件的基础上，实现对虚拟现实技术的应用，然后对虚拟的三维空间进行演示分析，进而可以形成演示动画，对地理信息状况进行模拟演示。这可以带给人们多种感官体验，使模拟更真实。比如，通过模拟动画，能够为人们带来视觉及听觉等方面的体验，充分发挥虚拟现实技术的作用。在对测绘数据进行处理的过程中，通过对虚拟现实技术的应用，针对多层次的测绘新技术，实现对地理信息系统技术的应用。

空间规划的编制乃至实施，需要大量地图做支撑，利用 VR 和 AR 技术对地理信息实现可视化，打破了长期以来只能利用地图对地理现象进行描述的传统，避免了地图或电子地图从视觉上对非专业人员造成的错误理解。以黑龙江省空间规划编制试点的某地城乡建设布局图和产业空间布局图为例，应用 VR 和 AR 技术构建出逼真且贴近现实的视觉场景，不仅可以让人们能够相对直观地看到该地未来发展的真实状态，进一步了解地理信息的内涵，而且通过这种可视化，更加丰富了人与未来现实的交互体验。再以某城市的防灾减灾为例，利用倾斜摄影测量技术提供的三维成果，真实地还原整个城市的本来面貌，然后利用 VR/AR 技术模拟该城市的暴雨灾后三维立体全景图，对城市的防灾减灾工作具有特殊的指导意义和现实意义。

5.3 虚拟现实技术在英语专业中的应用

为了让学生摆脱原来应试教育的"试卷评测"体系，应建立一套能真正帮助学生开口说英语，真实反映学生英语应用能力的学习系统。场景化沉浸式英语教学平台借助虚拟现实技术，可以辅助英语教师进行课程教学，利用 VR 的沉浸式、交互性等特点，采用一对一的教学模式，能全方位解决学生学英语"枯燥、害羞、开口难"等问题，让学生快乐地完成从 0 到 1 的学习过程，使学生通过 VR 虚拟课件建立起对英语的"信、趣"（自信与兴趣），提高教师的课程教学效果。

以酒店英语为例，酒店英语是一门酒店管理专业学生必修的专业核心课程。但凡进入五星级酒店实习、就业的学生，酒店英语的熟练程度与从业后职务晋升的速度成正比，并且酒店英语的熟练程度是酒店前厅、餐饮、房务等一线主要部门晋升主管及以上职务的重要考核指标。

VR 酒店英语教学系统以打造情境对话为核心，以酒店工作环境为内容。其核心是打造学习情境化，形成足以完全沉浸学习的仿真效果，并最大限度地发挥 VR 的特性，充分体现出用 VR 形式进行教学的不可替代的优势。

逼真的虚拟现实环境提供了与真实环境一样的感受，交互设计符合人体自然运动规律。除此之外，VR 酒店英语教学系统还有如下优点：

（1）不消耗现实资源和能量，零风险、低成本。

（2）多种交互方式相结合，增强了虚拟操作训练的效果。

（3）加深人们对生产过程和制造系统的认识和理解，提升人员的培养速度。

（4）教学模块可实现模块重组更新，扩展性更强。

（5）教师可以远程通过教师机进行多台学生机控制。

（6）教师可通过教师账户进入系统，通过 VR 在线考试系统测试并分析学生的学习效果。

VR 酒店英语教学系统的产品功能主要有以下几个：

（1）情景英语。情景英语可以让学生在逼真的三维虚拟环境中进行英语口语练习，场景有酒店大堂、前台、客房、酒吧、餐厅、工作间等。

（2）单人情景模式。学生以第三人称视角，可以在任意位置观看整段情景英语，并逐句跟读学习所有角色对话。采用单句打分形式，学生读完一句可立即获得评分。

（3）角色扮演。学生可以第一人称视角扮演情景英语中的任意角色，开始实训学习。身临其境的学习体验可以更好地提升学生的学习兴趣。通过学习，学生将掌握并体验到全面完整的酒店英语及业务流程。

（4）多人情景扮演。根据课件提供的剧本，由多位学生同时进入虚拟情境，扮演不同角色，进行英语对话学习。系统将根据学生的英语发音、流畅度、准确性等指标进行实时评分。学生和教师可及时、全面地了解本次学习效果。该应用还支持局域网和广域网的多人互动学习。

（5）自由主题模式。教师启动自由主题模式，随机分组，由学生根据教师的主题进行英语讨论，教师可随时进入任意分组查看学生的学习情况，并给出学习建议。

（6）词汇实训。学生查看英文单词，选择对应物品并跟读，学习各职业的专业词汇，包括发音、拼写，同时系统可实时打分。

5.4 虚拟现实技术在轨道交通专业中的应用

教育部颁发的《关于全面提高高等职业教育教学质量的若干意见》中明确指出，现代化高等职业院校开展的校企合作模式，要将工作重点放在如何对校内生产性实训基地进行建设，以及对相关建设措施进行积极探索等方面。通过在校内积极开发虚拟实验室、虚拟工艺、虚拟车间、虚拟工厂等活动，可以确保在职业院校内部组建一批具有较高水平的校内生产性实训基地。在此过程中，职业院校轨道交通类专业在开展相关教育教学活动中具有的难再现、动不了、看不到等问题，均能通过虚拟现实技术的有效应用得到充分解决。

5.4.1 轨道交通专业实训应用场景

对于轨道交通信号及控制专业，可以通过建立虚拟仿真实训系统，有效实现模拟"认识工作任务"这一目标。根据对轨道交通专业实训教学展开的大量实际调查研究可知，相关应用场景要满足以下几个要求：

第一，相关应用场景具有较高的复杂程度，在进行反复操作、实验实训的过程中具有较高难度。比如，开展调度实训和轨道交通信号设备故障处理实训。

第二，相关应用场景的危险程度较高，并且对实验实训具有较高的安全性要求。比如，开展的接触网作业以及调车作业。

第三，相关应用场景要能经常开展破坏性较高的实验实训。比如，火灾应急演练和事故紧急处理演练。

第四，相关应用场景开展的实验实训需要满足变化周期较长的需求。比如，开展线路施工作业。

第五，相关场地还要开展对运用传统操作方式无法完成或无法轻易完成的实验实训，以及对变化过程无法有效控制的实验实训。比如，开展事故救援等活动。

为了有效满足上述要求，将虚拟现实技术运用到轨道交通实训中，通过对虚拟现实技术相关作用和优势的有效应用，能够使实训教学的课前环节、课中环节、课后环节有效开展，在确保相关教学目标得到有效实现的同时，进一步提高轨道交通专业学生的能力和素养。

5.4.2 轨道交通专业校内实训应用

在对轨道交通专业学生进行校内实训的过程中，为确保最终实训目标得到有效实现，可以将虚拟现实技术运用其中，利用虚拟实训对学生的技能展开规范训练。比如，结合具体教学目标和学生实际学习能力在校内建立完善的轨道交通信号设备模拟训练系统和轨道交通信号设备模拟装置，使学生熟练操作模拟系统，提升自身对轨道交通信号设备的操控能力，及时有效地解决轨道交通信号设备在运行过程中出现的故障问题，甚至可以训练学生在轨道交通信号设备毁坏、故障等非正常状态下采取及时有效措施的能力。

与此同时，结合实际情况将轨道运输运营虚拟教学系统引入具体的教学环节中，并且在对应的训练沙盘上将现场设备、底层逻辑、计算机软件的运行状态和变化过程有效结合并展示出来，从而提供一个具有较高真实性和直观性的实训仿真环境，供学生学习和观摩，从而使学生在此环境下训练相关设备在正常、非正常、调车、单操等情况下的接车和发车操作技能。比如，在轨道交通运营和调度的实践过程中，将轨道交通综合仿真系统运用其中，对各种列车的运行状态以及线路的分布状态进行模拟，不仅能使学生对相关列车的调度规范以及操作规程熟练掌握，而且能进一步增强学生的安全生产意识。

5.4.3 基于虚拟现实技术的轨道交通专业实训基地建设

相关人员在进行轨道交通实训基地的建设过程中需要注意，虚实结合的建设方式不仅要充分结合不同实训项目在专业方案框架下的虚拟形式与真实形式，而且要确保同一个项目内部具有的真实物理设备以及虚拟仿真设备能够得到充分结合，同时还要注意开展的各项实训项目在真实性以及虚拟性充分结合的基础上，发挥互相促进的作用。

这一目标的实现主要从以下几个方面入手：

第一，针对校内原有的实训项目，可以通过对虚拟补缺补差技术的有效应用，建立虚拟的图像或场景，对其中由技术问题、场地问题、资金问题导致的无法建设的生产材料、生产设备、生产工艺进行有效补充。

第二，通过对虚拟现实技术的充分应用，确保在开展实训教学的过程中，其形象化功能和直观性功能得到充分发挥。这样不仅能使生产设备和生产工艺的透明度大幅度提高，使生产设备和生产工艺的复杂程度有效简化，而且能促使学生通过对有效空间和时间的利用掌握更多理论知识和实践经验。长此以往，不仅能使学生掌握专业知识的速度和强度全面提升，而且能确保教学效果达到令人满意的程度。

5.5 虚拟现实技术在其他专业中的应用

5.5.1 虚拟现实技术在建筑专业的应用

5.5.1.1 教、学、考一体化网络课程平台——以浙江建设职业技术学院为例

浙江省为建筑业大省,其中建筑装饰产值约占建筑业总产值的四分之一,且装饰企业总数已达到3 000多家,从业人员已达到70多万人。装饰工程技术专业是浙江建设职业技术学院院级重点建设专业及省级特色专业,多年来为浙江省各类装饰企业提供了大量的优秀毕业生。

建筑类专业校内实训投资大、占地多、不可重复利用,因此在校内不可能再现整个工程场景,因此需考虑虚拟实训。如图5-1所示为建筑装饰工程技术专业教学一体化网络课程平台。

图 5-1 建筑装饰工程技术专业教学一体化网络课程平台

（1）平台基本情况

①平台软件针对装饰相关职业岗位进行开发，可输出为单机版或网络版，是为教师教学及学生自主学习而开发的仿真实训软件。

②本平台运用三维虚拟现实技术模拟一个真实的室内装饰实训环境，通过键盘或者鼠标的操作，可以完全沉浸在真实的装饰实训环境中。本平台是一个比较完善的解决模拟真实实训环境的教学平台，能较好地完成室内装饰设计的教学目标与任务。

（2）平台功能

进入平台以后，学生可根据教学需要，点击相应的按钮进行学习。平台具有教学课堂问答与反馈功能，能进行面积测量、距离测量、场景漫游、场景打印、热点视频教学，课件还结合数据库，提供更广泛的室内装饰场景的信息应用。

（3）平台在教学中的具体使用

①基础设计模块

本模块有两个实训任务：

第一，根据三维模型量房，标注尺寸。

第二，CAD图平面设计。

在此模块下面，提供4个工具按钮，分别是CAD图纸、三维模型、距离测量及面积测量。4个工具按钮就是为实现两个实训任务而设置的。

②装饰材料模块

本模块有两个实训任务：

第一，参观虚拟样板房，看材料特性。

第二，更换家具材质，并虚拟拍摄。

模块提供"自动虚拟漫游"及"更换材质"工具，点击相应的按钮即可进行学习。

③施工工艺模块

通过漫游场景中的热点，观看不同部位的施工工艺视频。设置两个按钮，开启播放器并通过漫游寻找自己感兴趣的热点视频信息。

④计量计价

本模块有两个实训任务：

第一，场景中家具及装修材料价格查询。

第二，工程量清单与总价的计算。

通过查看平台中的数据库信息，可以了解每一个场景中内容的价格，并可通过系统提供的计算器进行详细的计算。

⑤考试测试模块

本模块分为以下三个部分：课内测试、视频考核及在线考试。分别对应的是平台内部的课内测试题目、基于视频点播平台的视频考核及另外的在线考试平台。

5.5.1.2 室内装饰三维虚拟实训教学平台

信息化教学体现了以"学"为中心的信息教学理论。崭新的技术会带给我们崭新的教育思维，解决我们以前无法解决的问题，给我们带来一系列的重要变革。虚拟现实技术的普及，是时代发展的必然趋势。如图 5-2 所示为室内装饰三维虚拟实训教学平台。

图 5-2 室内装饰三维虚拟实训教学平台

（1）平台基本情况

开发平台：中视典 VRP。

软件版本：单机版、网络版均可。

适用对象：室内设计相关专业师生。

如图 5-3 为 VRP 开发环境。

图 5-3 VRP 开发环境

如图 5-4 为软件三维漫游界面。

图 5-4 软件三维漫游界面

(2) 平台功能
① 软件热点触发的视频讲解,如图 5-5 所示。

图 5-5 软件热点触发的视频讲解

②测量功能,如图 7-6 所示。

图 5-6 测量

③数据库信息演示，如图 5-7 所示。

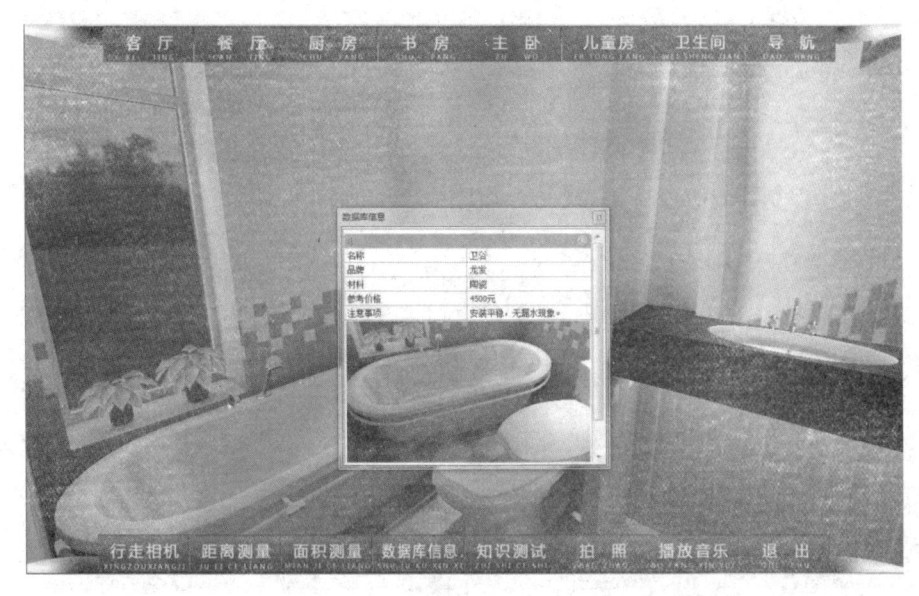

图 5-7 数据库信息演示

④知识测试，如图 5-8 所示。

图 5-8 知识测试

⑤拍照功能，如图5-9所示。

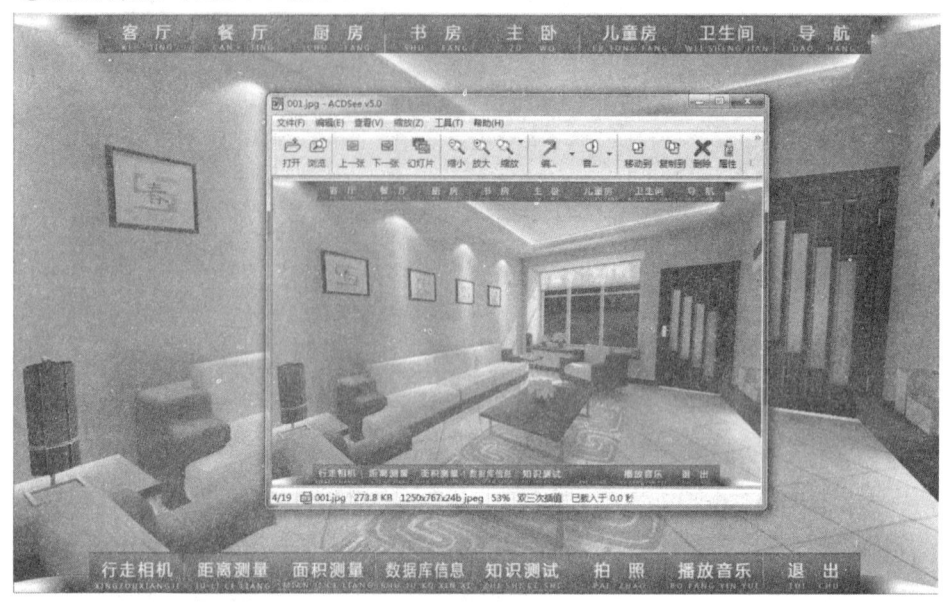

图5-9 拍照功能

⑥导航功能演示，如图5-10所示。

图5-10 导航功能演示

5.5.2 虚拟现实技术在机械制造专业中的应用

某校综合运用虚拟现实技术和计算机网络技术，构造了一个基于网络的集成化虚拟制造培训系统。该系统主要由数控机床、多功能编程仿真器、软件系统和计算机网络系统等部分组成。该系统通过网络技术和虚拟现实技术，实现了制造过程的编程、仿真、优化、验证以及 CAD/CAM 一体化的集成，使培训过程以并行的工作模式有机地融入整个制造过程。

利用虚拟现实技术和网络技术，该系统构建出了具备可调功能模块的虚拟生产线，利用连入网络中的若干台工作站对实际生产线中的若干台实际机床加以虚拟，工作站上安装了虚拟数控系统和虚拟机床模型，服务器及工作站上分别安装了基于 Browser/Server 模式的培训与研究一体化的网络仿真平台。通过该平台，每台计算机可调出不同的机床生产模块并根据实际需要配置相应的功能模块，使得虚拟的实际加工过程能够多角度、多方位、真实地显示出来。各个工作站通过网络进行模块间的信息（如物流、相关参数等）传递，从而可动态、直观地模拟整个生产流程。另外，配置了若干台实际机床作为验证模块，结合软件平台并配置了相应的硬件设备（如传感器系统），构成了闭环的研究与培训一体化系统。

在教学培训中，从工作站中可调出与实际验证机床相应的机床生产模块，以此模块为依托，可调出数控程序编制模块，用户在此环境下进行编程实践。然后，系统通过集成技术将数控程序与仿真模块进行无缝连接，通过仿真实现评估和优化数控程序的目的。通过修改、仿真，系统能对多个程序进行比较并选择最优的数控程序传送到数控机床（校验模块）进行加工演示，通过传感器系统及相应的建模、决策优化、物理仿真软件系统，在计算机上可以实时动画的形式显示在某个数控程序驱动下的制造过程，并通过动态仿真、监控各加工参数的变化，达到生产过程的合理优化。

除进行一般的数控机床操作、数控编程、图形仿真编程轨迹等试验的培训工作外，还可以与零件图形编辑、工艺生成与自动编程、几何仿真软件系统、基于虚拟现实技术的 CAM 等模块配套使用，构成 CAD/CAPP/CAM 一体化的教学培训与研究系统，并配以模型库、知识库和多目标优化的智能决策系统，实现动态物理仿真、优化。另外，在服务器上配置智能诊断与预测维修软件和信号分析软件系统，可在网络环境下实现对信号的实时显示与分析，使本系统又可作为信号分析和故障诊断的教学与培训系统。集成化的软件系统构成如图 5-11 所示。

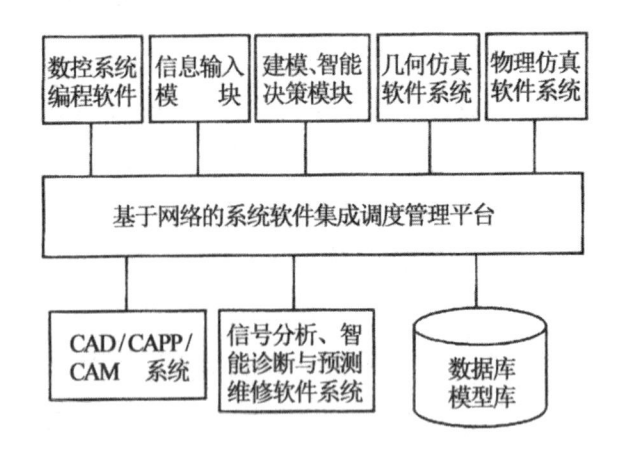

图 5-11 虚拟培训软件系统构成

5.5.3 虚拟现实技术在维修专业中的应用

　　虚拟现实技术在维修专业中的应用，使得人们可以在缺少实际装备的情况下分析维修操作过程，或者进行相关的维修操作训练，从而达到获得维修知识或培训维修技能的目的。协同式虚拟维修技术的发展，为多人参与装备的协同虚拟维修提供了条件，可以更为真实地模拟装备维修操作过程。

　　光学运动捕捉设备的出现与普及，使得人们能以自身行为参与装备的虚拟维修操作过程，可以在进行装备虚拟维修的过程中获得感知性与交互性更好、沉浸感更强的操作体验。但捕捉范围有限及可能出现的 Marker 点（反光标识点）遮挡问题，基于被动式光学运动捕捉设备还难以使人们像在现实世界一样灵活自然地控制虚拟人体参与装备的维修操作。

　　首先，针对被动式光学人体运动捕捉设备捕捉范围有限的问题，提出了一种基于运动捕捉设备的协同式虚拟维修操作控制方法。在对人体下肢动作过程进行实时捕捉和识别的基础上，根据相应的动作类型对虚拟人体的大范围运动过程进行控制，然后采用实时捕获的人体运动数据驱动虚拟人体进行维修操作，对协同式虚拟维修过程中的人机交互过程进行建模，以此实现维修操作过程中手部与维修工具间、维修工具与维修对象间以及手部与维修对象间的交互。

其次，针对协同式虚拟维修操作过程中出现的 Marker 点信息错误或丢失问题，对基于空间位置跟踪装置的上肢运动信息补偿方法进行研究。

最后，针对基于运动捕捉设备的协同式虚拟维修操作仿真平台开发进行研究，分析仿真平台开发所需的软硬件环境，重点介绍虚拟人体运动骨骼模型构建、协同式虚拟维修操作过程、图形化仿真模型构建，以及沉浸式虚拟维修仿真平台的开发过程，为维修操作人员提供了沉浸感更好、交互性更强的模拟训练方式。

5.5.3.1 协同式虚拟维修过程中人机交互过程建模

装备虚拟维修操作过程是操作人员对装备进行的实际维修操作过程在虚拟环境中的再现，因此它的执行条件和操作过程应与实际维修操作过程一致。根据装备维修操作过程及零件、子装配体的维修控制条件，以及参与维修操作过程的维修人员、维修资源数量，可以基于 HCPN 对装备的协同式维修操作过程进行建模，采用装备的协同式维修操作过程模型可以对装备协同式虚拟维修操作过程进行控制。在装备的协同式虚拟维修操作过程中，多个虚拟维修人员对装备的协同式交互操作控制，主要是通过共同决策、协同配合，在虚拟环境中采用手部对装配体进行的拆卸、调整或更换、装配等一系列维修操作行为。在基于运动捕捉设备驱动虚拟人体运动到维修操作位置后，维修人员可以根据自身的行为对虚拟人体运动过程进行控制，从而实现虚拟人体对虚拟对象的操作。虚拟人体对虚拟样机的维修操作控制过程可以分为手部与维修工具间、维修工具与维修对象间及手部与维修对象间的交互。因此，在协同式虚拟维修操作过程中，人机交互特征建模过程如下：

（1）建立虚拟人体手部姿态描述信息模型

维修人员手部动作信息的获取是通过数据手套实现的，根据数据手套上不同光纤传感器获得的数据可以计算手部相应关节点的旋转角度，从而对虚拟人体手部动作进行控制。通过定义虚拟人体手部姿态，根据维修工具、装备子装配体或零件的维修操作特征，可以实现对维修操作任务执行过程的仿真。

（2）建立维修工具与维修对象的交互感知模型

根据维修对象的维修特征，构建维修工具与维修对象的交互感知区域。根据装备维修操作过程，当虚拟人体与维修工具或维修对象交互感知区域发生碰撞，或维修工具交互感知区域与维修对象交互感知区域发生碰撞时，根据虚拟人体手部动作姿态，维修工具与维修对象执行相应的交互响应。对于感知后的响应处理，则需根据维修工具与维修对象的交互处理模型进行控制。

（3）交互响应处理机制

对于虚拟人体手部与维修工具间的交互，当维修工具处于空闲状态且手部进入工具的交互感知区域时，虚拟维修平台通过判断手部姿态信息是否满足维修工具拿取条件，决定工具是否以工作姿态与手部位置进行约束，并跟随手部进行控制位姿变化。对于虚拟人体手部与零部件的直接交互或者通过工具的间接交互，当手部或工具到达零部件的交互感知区域时，通过对手部或手部对工具的维修操作动作进行判断，并依据维修对象的可操作状态，决定维修对象的响应行为。

（4）虚拟人员协同维修操作过程控制

对于多人参与条件下的协同式虚拟维修操作过程，维修任务需根据维修任务间的串、并行关系进行；对于需要多名维修操作人员同时参与的单一维修操作过程，则需要根据该时刻虚拟人员、维修工具及维修对象的状态，根据维修操作要求和执行条件综合分析和判断维修对象的响应行为。

5.5.3.2 基于空间位置跟踪装置的上肢运动信息补偿

空间位置跟踪装置可以实时跟踪和获取所附物体在其形成的空间位置坐标系中的位置与方位信息。根据被动式光学运动捕捉设备构建的运动捕捉区域 WCS，对空间位置跟踪装置的空间位置坐标系位置与方位进行设定，从而可以根据空间位置跟踪装置获取的人体部位位置与方位信息，对光学运动捕捉设备获取的错误信息进行修正。电磁式空间位置跟踪装置组成简单，价格成本较低，能较好地满足 VR 仿真的精度及分辨率要求。

电磁式空间位置跟踪装置在基于被动式光学运动捕捉设备控制多人协同式虚拟维修操作过程中，由于道具、动作或维修操作人员相互遮挡等情况，Marker 点的捕捉数据容易出现缺失现象。在人体上粘连的 Marker 点中，身体主要躯干部位（头部、肩部、背部、胸部等）上的 Marker 点被遮挡的可能性较小，而且这些部位具有一定的相对固定性和约束性，可以通过采用运动轨迹追踪及缺失点自回归补偿等方法进行有效的预测与补偿；两个手臂部位由于维修操作动作模拟以及协同配合的需要，被遮挡的概率较大，在仅有肩部关节连接处标记点信息的情况下，很难实现对人体上肢其他关节点运动信息的准确预测。

为此，提出了一种基于空间位置跟踪装置的上肢运动信息补偿方法：在手臂 Marker 点（除肩部关节连接处 Marker 点外）捕捉数据缺失的情况下，通过采用空间位置跟踪装置获取手腕的空间坐标及方位信息，根据人体上肢大小臂的长度，计算出人体肘部关节点的空间位置坐标及其相对于肩部关节点局部坐标系的旋转矩阵，从而实现对人体上肢运动过程的控制。

5.5.3.3 基于体感交互控制的协同式虚拟维修操作仿真平台

2014 年以来，VR 技术取得了飞速发展，Oculus 公司率先发布了 Crescent Bay 虚拟头盔，HTC 公司的 Vive、三星公司的 Gear VR 也陆续上市。VR 设备正从实验室走进人们的日常生活与工作，很多科技学者及经济学家预言虚拟现实技术将在未来 10 年中深刻影响人们的工作和生活。VR 技术的发展可以给人们在进行人机交互的过程中带来更好的交互体验，人们可以获得更强的沉浸感。而光学运动捕捉设备的发展，为人们在日常生活中以自身的行动进行人机交互提供了可能。研究基于运动捕捉设备的虚拟现实技术，对开发沉浸感、交互性更好的虚拟环境具有重要意义。

对于难以用实装开展的协同式虚拟维修操作和训练，研究基于体感交互控制的协同式虚拟维修操作仿真平台，可以更好地模拟装备维修操作过程，一方面便于人们学习装备维修操作知识、培训维修技能；另一方面有利于人们对维修操作过程进行分析和评估，便于对装备结构及维修操作方式进行改进和完善。感知性好、交互性强的协同式虚拟维修操作仿真平台构建，需要合适的硬件设备及相关的软件环境作支撑，同时需要对虚拟环境中的虚拟人体、物理样机及操作过程中的各种交互行为、环境的实时渲染及交互方法等各模块的具体形态和功能进行准确描述和开发。

（1）协同式虚拟维修操作仿真平台软硬件开发环境

①硬件开发环境

在基于运动捕捉设备的协同式虚拟维修操作仿真平台设计与开发过程中，需要的硬件设备主要包括以下几种：

第一，OptiTrack 被动式光学人体运动捕捉系统。采用拥有 12 个专用红外捕捉摄像机的 OptiTrack 被动式光学人体运动捕捉系统，可以同时对 2 个维修操作人员的运动信息进行捕捉，捕捉帧速为 100 Hz。在人体运动捕捉过程中，操作人员需要穿着粘贴有光学标记点的运动捕捉服装,并在运动捕捉区域内活动。

第二,5DT Data Glove 14 Ultra。这是一款用于运动捕捉与动画制作领域的专业数据手套,具有佩戴舒适、简单易用及数据质量高、交叉关联低等特点。在实际应用过程中,通过采用左、右两副数据手套,可以实时捕捉人体的双手动作信息。通过USB数据线与计算机相连,可以实时、高质量地输出人体手部运动信息。

第三,PATRIOT电磁式空间位置跟踪装置。在PATRIOT电磁式空间位置跟踪装置的使用过程中,传感接收器通过切割信号源发生器形成的低频电磁场中的磁力线产生电磁信号。通过SEU对电磁信号进行计算和处理后,可以获得传感接收器在信号源发生器构建的局部坐标系中的空间位置坐标和方位信息。

第四,立体投影系统。立体投影系统主要包括HPZ800图形工作站、2台Barco ID H500投影机、金属涂层软质幕布、圆周偏振镜片和偏振片立体眼镜等。HPZ800图形工作站拥有主频为2.53 GHz的英特尔四核E5540处理器以及2块1.5 G的NVIDIA Quadro FX4800显示芯片。在应用过程中,HPZ800图形工作站可以实时输出分辨率为3 840×1 080 P的视频信号,通过分屏传输可以分别向Barco ID H500投影机输入相同的1 920×1 080 P分辨率视频信号;采用圆周偏振镜片对投影视景进行过滤,并对投影机的投影范围进行设置,人员通过佩戴偏振片立体眼镜即可从金属涂层软质幕布上观察到VR操作环境。

此外,在协同式虚拟维修操作仿真平台的构建过程中,还可以加入立体音箱等交互设备,一方面协同式虚拟维修平台可以通过声音对维修操作过程进行提示和指导,另一方面可以增强虚拟维修操作的效果。

②软件开发平台

操作系统:Windows。

开发平台:Microsoft Visual Studio 2010及C++高级编程语言。

建模工具:Adobe Flash CS3、3ds Max 2010、SolidWorks2010。

图形渲染软件:PostEngineer、Virtools等。

人体运动捕捉软件:Arena。数据库开发环境:Microsoft SQL Server 2008。

通过采用3ds Max、SolidWorks等软件实现装备数字样机的构建,同时根据3ds Max提供的人体骨架结构可以对虚拟人体骨骼及皮肤进行设计与构造。采用Adobe Flash CS3构建虚拟维修操作过程的HCPN模型,利用Flash脚本语言ActionScript 3.0可以对各库所、令牌及变迁的功能及响应方法进行定义与设计。协同式虚拟维修操作环境的组建与实时渲染采用 PostEngineer 或 Virtools 软件平台完成,SQL Server 则可以为协同式虚拟维修操作仿真平台运行提供数据的实时读取、写入及存储服务。Microsoft Visual Studio 2010 可以实现对平台各功能模块的集成与融合。

(2)协同式虚拟维修操作仿真平台开发

针对大型复杂装备协同式虚拟维修操作仿真平台的设计与开发,重点介绍虚拟人体运动骨骼模型构建、协同式虚拟维修操作过程建模以及沉浸式虚拟维修仿真平台的开发过程。

①虚拟人体运动模型的构建

采用 3ds Max 提供的人体骨骼模型,可以对虚拟人体骨骼结构进行设置与构建。与 Arena 人体运动捕捉软件中的骨骼模型相比,3ds Max 人体骨骼模型中某些关节点间的父子关系存在着一定的差异。此外,Arena 人体骨骼模型并不具有 3ds Max 人体骨骼模型中完整的手部骨骼结构信息。在驱动虚拟人体进行运动的过程中,虚拟人体手部运动信息可以通过数据手套和空间位置跟踪装置获取,而基于运动捕捉数据对人体运动过程进行控制则需要将 3ds Max 人体骨骼模型进行重新匹配。

②协同式维修操作过程建模

当前,Adobe Flash 是一款非常流行的游戏及动画制作软件,可以方便地应用在场景设计、动画模拟仿真等多个领域。其中,Flash 技术中的 ActionScript3.0 是一种面向对象编程的高级脚本语言,可以方便地对对象的图形、属性及交互响应方法进行设计。在对大型复杂装备协同式维修操作过程进行建模的过程中,采用 Adobe Flash 软件分别对库所、令牌及变迁的图形化模型及交互响应方法进行设计,基于事件处理机制设置信息发送者与信息接收者之间的事件响应关系,通过对变迁执行过程的层次化建模,实现了在虚拟维修操作过程中对整个维修操作过程的仿真分析与控制。

③沉浸式虚拟维修仿真平台开发。通过构建虚拟人体 3D 模型,对虚拟场景、装备及工具数字样机进行建模和格式转换,从而完成对虚拟场景相关数字模型的构建。PostEngineer 是一款由武汉创景可视技术有限公司研发的 VR 开发平台,基于该平台可以对虚拟场景中的模型大小及位置、场景灯光及摄像机摆放姿态等要素进行设置,同时可以根据 OptiTrack 光学人体运动捕捉设备,5DT 数据手套及 PATRIOT 电磁式空间位置跟踪装置提供的软件开发工具包,开发与平台相关的数据通信接口,通过实时获取操作人员运动信息,从而控制虚拟人体在虚拟环境中进行运动及维修操作等活动。

通过构建的某协同式虚拟维修操作仿真平台硬件控制中心对话框,可以对人体骨骼尺寸、初始的空间坐标位置及缩放系数进行设置；采用"指开""指闭""掌开"及"掌闭"等操作可以对数据手套进行校正，从而实现对操作人员手部动作信息的准确获取和计算；此外，还可以设置空间位置跟踪器的初始位置及空间姿态、运动捕捉数据类型及来源端口、人体骨骼映射关系等内容。

5.6 虚拟现实技术在职业教育中未来发展趋势

在 2018 年 6 月和 2019 年 2 月先后发布的《智慧校园总体架构》和《中国教育现代化 2035》文件中，对教育现代化、信息化未来的几个发展方向作出了具体的部署，共同描绘了一幅科技赋能教育的美好蓝图。

实际上，让科技发展红利惠及教育，是当前很多国家正在努力的事情，因为教育才是科技发展的原动力。当年的海湾战争，让国防实力依然停留在越战，甚至二战时期的国家真正见识到了现代战争，更明白了科技在未来的重要性。21 世纪什么事业最重要，那就是教育。

科教兴国是我国国家战略之一，科技与教育两者密不可分，让科技为教育事业添砖加瓦既是国家意志，也是世界趋势，更是一个客观的发展规律。

5.6.1 5G＋VR/AR 与职业教育

5.6.1.1 VR 教育：身临其境的教学场景

近年来，随着越来越多的新技术、新设备在教育教学领域中应用，教学方式发生了重大变革，从最初的黑板粉笔教学到多媒体教学，再到交互式智能黑板教学，教学方式越发多元化，但教学活动仍以教师为中心，学生的学习兴趣不高、学习效率低等问题始终未能解决。

在 5G 技术的支持下，VR/AR 可以在教育领域实现更好的应用。例如，教师利用 VR/AR 技术模拟各种场景，学生坐在教室中就能进行虚拟的实地考察，产生真切的感受，从而提高学习效率。与传统的教学方法相比，VR/AR 的教学不仅可以提高教学效果，激发学生的学习兴趣，开拓学生的视野，还能产生超乎想象的成本效益，降低投资风险。

（1）高成本、高风险的机械操作培训

VR/AR 技术初期主要用于飞行模拟训练，近年来，VR/AR 技术开始向各领域渗透。在教育培训领域，VR/AR 技术被用于赛车、手术、滑雪、飞机驾驶等教学培训，以降低培训成本与培训风险。

以 VR 赛车竞速馆为例，在这类场馆中，玩家可以佩戴 VR 设备进入虚拟世界，驾驶各种赛车，体验在世界各地知名赛道飞驰的情景，感受什么是真正的"速度与激情"。这类场馆可以将很多细节做到近乎现实的程度。例如，在水洼、山地、沙滩上行驶的起伏坠落感，转弯甩尾或漂移时与地面的摩擦等。无论是职业赛车手，还是业余爱好者，都能以较低的成本参加零风险的赛车训练。

（2）现实中难以实现的场景式教学

虚拟性是 VR/AR 最显著的特点。将 VR/AR 应用在教育领域，可以开展很多过去无法开展的场景教学。例如，地震、泥石流等灾害场景的模拟逃生练习，深海场景、太空场景的科普教学等。这些场景式教学不仅可以激发学生的学习兴趣，还能提高教学的效果，让学生真正掌握逃生技能，增进对知识的理解。

安全事故威胁财产与人身安全，如何加强人们的安全意识，有效防范安全事故，是各个国家需要解决的重要问题。位于青岛胶东国际机场内的 VR 安全智能体验馆为解决该问题提供了新思路。在该体验馆内，人们可以身临其境般地感受触电、物体打击等安全事故，在虚拟世界中直面死亡的恐惧，从而增强自身的安全意识。同时，场馆内还设置了互动体验区。例如，建筑工人可以利用触摸控制屏体验"建筑业安全隐患排查"游戏，提高自身的安全隐患排查能力，从而降低意外事故的发生概率。

5.6.1.2 5G 时代的沉浸式教学体验

基于 VR/AR 技术的沉浸式学习模式增强了教学场景的沉浸感，创造了一种具有超强沉浸感、自主性、互动性的三维教育新模式，让学生的学习不再局限于单调的课本、黑板和视频，增强了教学活动的灵活性和趣味性。

在传统临床医学专业的教学中，由于医院手术室要求无菌环境，鲜有学生有机会走进手术室现场观摩学习。而 5G 与 VR 结合后，学生在教室内即可身临其境般地观摩外科手术，学生们不但能够掌握医学理论，还能够体验临床实践。这无论是对学生个人的发展还是医学人才的培养，都有积极的影响。

2019 年 5 月 19 日，苏州大学临床医学专业的师生体验了一堂 5G＋VR 的沉浸式教学课。这堂课借助仿真系统和三维动态视景，高度还原了手术室内的视觉效果，学生与教师使用华为 CloudLink 和 VR 眼镜，身临其境般地观摩了医院腹腔镜胆囊切除手术的全过程，并且师生可以与医院专家的办公室、手术室互联互通，让业内专家为自己答疑解惑。

通过分析我们可以发现，几乎所有的 VR/AR 教育细分场景都存在同一个问题，即内容缺乏吸引力、硬件重、价格贵，无法满足学生对学习个性化、自主性、沉浸式、互动式等方面的需求。于是，在整个教育互动的过程中，云、VR/AR、5G 等技术成为非常重要的一环。

（1）云端技术使教育内容多元化

首先，在 VR/AR 教育场景中，5G 大带宽、低时延的特点得以全面展现；其次，云、VR/AR 为智慧教育的落地应用提供了必要的技术支持。在 5G、云、VR/AR 教育场景中，边缘计算、云端计算渐成主流，终端设计变得更简单，性价比变得更高，从而推动 VR/AR 渐成主流。另外，VR/AR 教育领域的潜在用户规模庞大，使得 VR/AR 教育内容开发商的开发热情空前高涨，或将使 VR/AR 教育内容行业呈现百花齐放的局面。

（2）提高教育内容质量，降低硬件价格

5G 云端渲染将高性能的 GPU 放在云端，不仅可以降低设备的复杂程度，降低设备的使用成本，还能使终端设备具有移动性，从而打造高质量的 VR/AR 教育内容。

5G 网络的传输速率可达 10 Gbit/s～20 Gbit/s，而且时延较低，可以支持大型 VR/AR 教育场景先在云端渲染，再通过网络传输到用户的终端设备。通过云端渲染，5G 网络可以保证终端画面拥有较高的分辨率，进而缓解 VR/AR 教育带给学生的眩晕感。同时，因为可以在云端渲染，5G 网络在很大的程度上缓解了用户终端设备的硬件计算压力，降低了终端硬件设备的价格。

5.6.1.3 智能管理：校园管理更安全、更高效

对于学校来说，在校学生的安全是比教学质量更重要的事情。通过 5G 的万物互联属性可以构建更为全面的校园监控系统，包括全方位、无死角、高清晰度的视频监控，统一、远程的校园门禁管理，时刻跟踪监控的校车管理，以及与消防、警察等高度联动的安防消防协同系统，保障校园内师生的生命安全。

除此之外，校园作为一个教育资源高度集聚的地方，管理的高效性同样至关重要。每年新学期伊始，都是教务系统教师最头疼的时候，繁杂的排课工作让他们濒临崩溃。智慧教育可以实现大数据之下的智能排课，同时借助科技的力量，实现传统排课和分层走班排课相结合的模式，让排课表可以依据教学情况和学生反馈进行实时改进。

总而言之，在 5G 网络时代，VR/AR 教室将以"云＋VR/AR＋便捷终端"为基础，推动软硬件设备实现创新升级，降低 VR/AR 基础设备的成本，缓解长时间使用设备产生的眩晕感，切实保证内容的版权安全，使教育信息化的价值得到全面释放。随着 5G、云、VR/AR 与教育的深度融合，一种全新的教学模式将应运而生，进而推动整个教育行业实现颠覆式变革。

5.6.2 AI 与职业教育

机器学习作为人工智能的核心，让计算机拥有了"智能"。作为一种实现人工智能的技术手段，它无法代替教育本身，却悄然掀起了一场教育领域的技术变革。由于人类学习的复杂性，通常无法用量化的手段准确评估学习过程。学习就像一个黑箱子，充满着未知。机器学习能够帮助我们解决教育领域的很多问题，我们可以称之为打开人类学习黑箱的钥匙。通过使用机器学习，我们可以对学生的学习过程进行"知识追踪"，判断他们是否已经掌握了某个知识点，进而为他们进行个性化的资源推荐。在追踪的过程中，还可以使用"学习曲线"来判断学生的学习效果是不是越来越好，从而调整教学策略，为他们制定个性化的教学方案。不仅如此，还可以通过"情绪识别"技术，识别学生的学习情绪（无聊、困惑等）；通过聚类算法，对学生进行分类组合，提供有针对性的教师干预和同伴互助。除此之外，还有很多"人工智能＋教育"的研究成果。这些研究的应用，在一定程度上破除了传统教育的弊端，也让我们看到了未来教育的趋势。相

信在未来，机器学习在教育领域的应用型研究会越来越深入。

智慧教育所包含的人工智能技术可以有效地辅助教师的教学活动，这种辅助分为两个方面：一个方面是"增强"教师，另一个方面是"解放"教师。

从"增强"教师的角度讲，因为教师再神通广大也是普通人，他们很难时刻关注每一位学生上课的全程状态，也不可能深入了解学生对自己教学的看法，更不可能监督每一位学生上课的一举一动。这个时候，基于人工技术，可以使得智慧教育具备课堂情感识别与分析和课堂行为识别与分析的功效。

情感识别与分析是通过一系列摄像头、感应器统计和分析学生课堂期间的情感变化数据，再借助人工智能技术可视化地将学生情感呈现出来，让教师可以对自身课程的吸引力、学生的关注点心里有数，适时调整内容安排和教学风格。课堂行为识别与分析则主要观测学生的肩、腿等身体行为，纠正学生上课坐姿，约束上课玩手机、看课外书等与学习无关的行为。

从"解放"教师的角度讲，也很容易理解。因为教师的时间和精力是有限的，人工智能可以接管教师一部分机械性的工作，如点名、批改试卷等，让教师有更多的精力投入课堂准备。

人工智能可以实现智能考勤，通过人脸识别、声纹识别等方式杜绝点名代签等情况，高效替代传统课堂点名，节省课堂宝贵时间。人工智能还可以具备智能学业诊断功能，通过对每一个学生作业和考试的错题分析，制定具有针对性的学习计划，精准推送学习资源和知识点详解，同时这个结果会以多维度的教学报告和成长档案的形式发送至教师端、家长端等，教师可以时刻了解学生知识掌握情况，提供精准服务，家长也可以知悉自己孩子的在校学习情况，针对问题进行日常辅导。

5.6.3 AI+VR 与职业教育

中国工程院院士赵沁平认为 VR 和 AI 技术有天然的关系，且呈现出"你中有我、我中有你"的融合趋势。随着 VR 应用不断拓展深化，越来越多地需要表现 VR 环境中各种自主个体和群体对象的信念、愿望、意图等高层次精神状态和复杂行为，于是引入了 AI 中关于 Agent 的建模方法。此外，随着 VR 技术和 AI 技术的不断发展与相互渗透，VR 交互的智能化和 VR 对象及内容生产的智能化、自动化也在不断增强。VR 与 AI 的这种融合，非常适用于分布式虚拟仿真条件下的教育场景应用。可以实现虚拟课堂、虚拟实验、虚拟培训场景中的智能化交互，促进高阶的探究式、自适应学习，对未来教育产生深刻影响。

已经出现和将要出现的 VR＋AI 教育应用系统，采用大数据分析，可以实现 VR＋AI 辅助的以学生为中心的情景化、个性化学习，使得"因材施教"成为可能。VR 与 AI、云计算等技术的结合，可以构造虚拟类人教师，并可以实现学生在类人教师陪伴、指导下的泛在学习。作为人工智能与新闻采编融合的产物，我国首个 AI 合成的主播"新小萌"已经出现在两会会场，进行新闻报道。能够自动完成语音识别，回答多种类型知识问题的智能机器人大量上市，带给人们智能化教学的初步体验。相信不久的将来，足以乱真的类人教师就能够和学生进行实时交互、开展教学活动，其海量知识储备和快速解题速度使其可以成为人类教师的搭档，或部分取代人类教师。从此种意义上讲，VR＋AI 将成为终极性教育技术。再继续发展，就是将各种电脑芯片直接植入人脑，但这已不是教育技术，而是人工智能领域的脑机技术了。

参 考 文 献

[1] 陈涛，唐教成，韩茜.中国共产党治理高等教育的百年进路及基本逻辑[J].重庆高教研究，2021，9（4）：3-15.

[2] 段云峰.5G开启万物智能[M].北京：人民邮电出版社，2020.

[3] 冯佳，安建强.虚拟现实技术在国内教育中的运用现状与趋势分析[J].开放学习研究，2020，25（1）：39-47.

[4] 顾鸿良，朱文华，蔡宝，等.面向工程训练的混合现实技术开发与应用[J].上海第二工业大学学报，2020，（2）：159-164.

[5] 黄聪.混合现实技术在轨道交通信号及控制专业教学中的应用与探索[J].大学，2021（10）：107-109.

[6] 季波.5G改变世界[M].北京：清华大学出版社，2020.

[7] 孔玺，孟祥增，徐振国，等.混合现实技术及其教育应用现状与展望[J].现代远距离教育，2019（03）：82-89.

[8] 李家祥.新中国70年云贵川职业教育发展比较研究[M].昆明：云南大学出版社，2020.

[9] 李俊贤.VR虚拟现实技术在高职院校实践教学中的应用探索[J].信息化教育，2020（12）：238-240.

[10] 李峻，乔云霞.韧性治理视角下的职业教育适应性建设——基于"结构功能主义"的分析范式[J].职教发展研究，2022（1）：1-9.

[11] 李敏，韩丰.混合现实技术在轨道交通信号及控制专业教学中的应用与探索[J].软件导刊，2020（6）：142-144.

[12] 李婷婷.Unity AR增强现实开发实战[M].北京：清华大学出版社，2020.

[13] 刘红波，赵军.基于MEC的VR关键技术[J].电信科学，2019，35（S2）：157-162.

[14] 陆超.虚拟现实技术：解决专业教学与生产安全矛盾的新思路[J].职业教育研究，2020（5）：150-151.

[15] 马欣悦，石伟平.VR/AR 技术在职业教育领域的价值逻辑与行动策略[J].中国职业技术教育，2017（30）：42-47.

[16] 麦可思研究院.就业蓝皮书：2021 年中国高职生就业报告[R].北京：社会科学文献出版社，2021.

[17] 欧阳河.展望 2030：全面实现职业教育现代化[J].教育与职业，2017（15）：8-14.

[18] 盘和林，贾胜斌，张宗泽.5G 新产业：商业与社会的创新机遇[M].北京：中国人民大学出版社，2020.

[19] 曲雪苓.虚拟现实技术在高职教学中的应用分析[J].无线互联科技，2020（3）：164-165.

[20] 沈阳，逯行，曾海军.虚拟现实：教育技术发展的新篇章——访中国工程院院士赵沁平教授[J].电化教育研究，2020，41（1）：5-9.

[21] 史秋衡，冯路玉.论高质量教育体系设计的逻辑指向[J].重庆高教研究，2022，10（1）：15-20.

[22] 孙伟，吕云，王海泉.虚拟现实：理论、技术、开发与应用[M].北京：清华大学出版社，2019.

[23] 谭学飞，朱立达，韩萍。基于 VRD04.0 平台的虚拟现实技术在实践实训教学中的应用[J].教育教学论坛，2020（10）：288-290.

[24] 魏安顺，周印，谢功.虚拟现实技术及其在制造业的应用[J].模具技术，2020（5）：54-58.

[25] 魏民.在职业教育应用视角下的 VR/AR 技术[J/OL].中国电化教育，2017（3）：10-15.

[26] 徐英萍.虚拟现实技术在高等职业教育中的应用研究综述[J].软件导刊，2020,19（07）：281-284.

[27] 徐兆吉.虚拟现实：开启现实与梦想之门[M].北京：人民邮电出版社，2016.

[28] 杨慷慨.新经济背景下产教融合发展不同生命周期的动力机制构建[J].职教发展研究，2022（1）：21-28.

[29] 杨馨宇，黄斌.混合现实（MR）在教育教学中的应用与展望[J].中国成人教育，2020（13）：52-57.

[30] 张峰.中国中等职业教育发展实践与探索[M].北京：首都经济贸易大学出版社，

2019.

[31] 张倩菡，李恺. VR 技术在轨道交通类高职教育教学的研究[J]. 科技风，2020（8）：65-67.